ABITUR-WISSEN ETHIK

Unterholzner • Lohse

Glück und Sinnerfüllung

STARK

ISBN: 3-89449-471-9

D-85318 Freising · Postfach 1852 · Tel. (0 81 61) 1790
u 05-11

Inhalt

Autoren: Bert Unterholzner, Bernd Lohse

Vorwort

Liebe Schülerinnen und Schüler!

Am 11. September 2001 hat eine Reihe verblendeter Männer der Welt buchstäblich vor Augen geführt, wozu Menschen fähig sind, die der Wahnvorstellung erliegen, es gebe nur einen einzigen Weg zu Erkenntnis, Wahrheit und – letztlich, wenn auch unausgesprochen – Glück. Es ist deutlich geworden, welch enger Zusammenhang besteht zwischen dem Anspruch aller Ideologien, den einzig richtigen Lebensweg zu kennen, und der Gewaltbereitschaft, den Mitmenschen diesen Weg – koste es, was es wolle – aufzuzwingen.

Damit ist die immer wieder beschworene Gefahr größter Inhumanität, die sich mit dem Deckmantel tarnt, individuelles und/oder gemeinschaftliches Glück zu stiften, blutige Wirklichkeit geworden.

Daher ist es notwendig, sich mit den **Grundstrukturen** ideologischen und anti-ideologischen Denkens zum Thema „Glück für alle Menschen" **im religiösen** und **im politischen Bereich** auseinander zu setzen.

Dieses Buch macht Sie – unter dem Aspekt **„Utopie"** – aber nicht nur mit diesem Teilbereich des Nachdenkens über „Glück" vertraut. Im Bereich **Philosophie** und **Religion** zeigt es auf, welche Konzepte die wichtigsten antiken, mittelalterlichen und neuzeitlichen Autoren zu Art und Erlangung individuellen innerweltlichen Glücks bzw. transzendenter Glückseligkeit entwickelt haben.

Und schließlich gibt ein dritter Bereich darüber Auskunft, wie man sich **verantwortlich** mit den vielfachen gegenwärtigen **Glücksangeboten** auseinander setzen kann – seien sie nun konsumorientiert, psychologisch oder weltanschaulich auf bestimmte Zielgruppen – auch und gerade in der Jugend – ausgerichtet.

Das Buch bietet Ihnen die wichtigsten **Sachinformationen,** um Prüfungsaufgaben richtig bearbeiten zu können, und **Argumentationslinien,** denen Sie folgen können, wenn es darum geht, einen eigenen Standpunkt plausibel und nachvollziehbar zu begründen.

Darüber hinaus können Sie sich aber auch anregen lassen, unabhängig von allen schulischen Notwendigkeiten darüber nachzudenken, wie Sie bisher ihr eigenes Verhältnis zum „Glück“ definiert hatten – und ob es dabei bleiben soll.

Wenn die Schule vorbei, das Abitur geschafft ist, werden Sie hoffentlich, für den Augenblick aller Theorie ledig, Ihr ganz persönliches Erfolgsglück in vollen Zügen genießen!

Individuelle Glücksvorstellungen

Einen guten Überblick über individuelle Glücksvorstellungen, ja über den Umfang des Themas „Glück“ überhaupt, kann man sich durch eine Befragung von Schülerinnen und Schülern verschaffen. Auf die Frage: „Was macht mich glücklich?“ bzw. anhand der Aussage „Ich war damals glücklich, ...“ erhält man eine Fülle von Aspekten.

Was macht mich glücklich?

- Kontakt zu interessanten Menschen
- Liebe und Zuneigung, die man mir zeigt
- wenn ich sehe, dass ich jemandem Freude bereitet habe
- Schönheit, die ich sehe oder erlebe (z. B. in der Natur)
- Basketball spielen
- etwas finden, das einen immer erfüllt, *den* Beruf
- mal „Schwein haben“
- Harmonie unter Freunden
- schöne Anziehsachen kaufen können, CDs und Videos
- ausspannen, am besten in einem warmen Bad
- besondere Aufmerksamkeit, Lob, Zuspruch, Anerkennung
- gute Noten bekommen haben
- das Gefühl, zu Hause zu sein: Geborgenheit und Wärme
- durch den Regen laufen, total nass werden
- einfach zufrieden und ausgeglichen zu sein
- nicht unter einer Krankheit leiden zu müssen, nicht behindert zu sein
- verliebt sein
- gutes Essen
- Vernunft
- ein ehrlich gemeintes Lächeln
- Freiheitsgefühl
- alles hinter mir lassen, weit weg fahren
- eine andere Kultur kennen lernen
- eine Sprache besser sprechen lernen
- neue Menschen kennen lernen
- Sex, drugs and Rock’n Roll
- einen festen Glauben haben

Ich war damals glücklich, …

- als ich meinen Freund kennen gelernt habe
- als ich nach dem Durchfallen in eine nette Klasse gekommen bin
- als ich mit einer alten, sehr guten Freundin ausführlich über „Gott und die Welt" redete bei Tee und Schokolade, in einer wunderschönen klaren Nacht mit Sternenhimmel
- als meine Mutter eines Tages mit einer Katze nach Hause kam

- als ich merkte, dass ich einen Seelenverwandten habe
- als mein Bruder einen Unfall überlebte
- als ich zum ersten Mal als Erwachsener behandelt wurde
- als ich meinen Großeltern fünf Tage half, ihr Haus herzurichten
- als ich die Führerscheinprüfung bestanden hatte

- als der FC Bayern die Champions League gewann
- als ich nicht mehr rauchte
- als wir meinen kleinen Bruder nach mehr als acht Stunden wieder fanden
- jedes Mal am Ende des Schuljahrs, wenn der Druck und Stress weg ist
- als ich mehr Freizeit hatte
- als mein Vater uns Geschichten vorgelesen hat
- als ich als kleines Kind bei meiner Oma auf dem Schoß im Rollstuhl durch den Garten gefahren bin
- als ich gelobt wurde
- als ich meinen ersten Auftritt erfolgreich absolviert hatte

Die Zuordnung zu Glückskategorien

Wenn man diese Erlebnisse nach Kategorien ordnet, sieht man, dass nahezu der gesamte Umfang des Themenkreises „Glück“ hier bereits angesprochen ist. Manche Erlebnisse lassen sich dabei durchaus mehreren Glückskategorien zuordnen.

Aus den einzelnen Erlebnissen können sowohl die Voraussetzungen des Glücks als auch Hemmnisse des individuellen Glücks herausgefiltert werden:

Glücksvoraussetzungen	Glückshemmnisse
• Gesundheit • Fähigkeit zur Freude • sich selbst annehmen, mit sich selbst auskommen	• Angst, Pessimismus • Sorgen, ungelöste, drängende Probleme

Die einzelnen Erlebnisse lassen sich verschiedenen Oberpunkten zuordnen:

- **Glück als günstige Fügung**
  mal „Schwein haben“
- **Glück als vorübergehender Zustand absoluter Hochstimmung**
  verliebt sein
- **Glück als Zustand des Wohlbefindens**
  einfach zufrieden und ausgeglichen zu sein,
  nicht unter einer Krankheit leiden zu müssen, nicht behindert zu sein
- **Glück als Genuss und Lustgewinn**
  gutes Essen
  ausspannen, am besten in einem warmen Bad

- **Glück als Rausch (Drogen)**
  Sex, drugs and Rock'n Roll
- **Glück als Abwesenheit von Angst, Zwängen, Bevormundung**
  ausspannen, am besten in einem warmen Bad
  alles hinter mir lassen, weit weg fahren
  jedes Mal am Ende des Schuljahrs, wenn der Druck und Stress weg ist
- **Glück als Begegnung, Ausbrechen aus der Isolation, Gebrauchtwerden**
  Kontakt zu interessanten Menschen
  als ich meinen Großeltern fünf Tage half, ihr Haus herzurichten
  eine andere Kultur kennen lernen
- **Glück als Tätigkeit**
  Basketball spielen
- **Glück in Alltagserlebnissen: das „kleine Glück"**
  durch den Regen laufen, total nass werden
- **Glück als Erleben von Schönheit**
  Schönheit, die ich sehe oder erlebe (z. B. in der Natur)
- **Glück als Erleben von Geborgenheit und Harmonie mit allem, was um einen herum ist**
  als mein Vater uns Geschichten vorgelesen hat
  als ich als kleines Kind bei meiner Oma auf dem Schoß im Rollstuhl durch den Garten gefahren bin
  als ich mit einer alten, sehr guten Freundin ausführlich über „Gott und die Welt" redete bei Tee und Schokolade, in einer wunderschönen klaren Nacht mit Sternenhimmel
- **Glück als Zustand des Akzeptiertseins, Anerkanntseins**
  als ich gelobt wurde
  als ich zum ersten Mal als Erwachsener behandelt wurde
- **Glück als Erleichterung nach einer schweren Belastung**
  als wir meinen kleinen Bruder nach mehr als acht Stunden wieder fanden
- **Glück als Leistung, in der Überwindung von Schwierigkeiten, Herausforderungen oder im Verzicht**
  als ich nicht mehr rauchte
  als ich meine Führerscheinprüfung bestanden hatte
  als der FC Bayern die Champions League gewann (über den Weg der Identifikation)

- **Glück im Konsum**
  schöne Anziehsachen kaufen können, CDs und Videos
- **Glück als Sinnfindung, Glück im Glauben**
  etwas finden, das einen immer erfüllt, *den* Beruf
  einen festen Glauben haben

Es wird immer von der befragten Gruppe abhängen, welche Glücksvorstellungen genannt werden. In jedem Fall zeigt sich aber, dass die Schwerpunkte des Themas „Glück" aus den eigenen Erfahrungen erwachsen: Die Philosophie, die Humanwissenschaften und mit einigen Einschränkungen auch die Theologie stehen uns nicht fremd oder abstrakt gegenüber, sondern tun – wenigstens von der Grundintention her – nichts anderes, als systematisch über unsere Lebenswirklichkeit nachzudenken. Diese Erkenntnis kann dazu beitragen, dass sich die Einstellung desjenigen, der sich mit den Glücksvorstellungen in der philosophischen Ethik, der politischen Philosophie, der Religion oder der Glückspsychologie des 20. Jahrhunderts beschäftigt, positiv verändert.

Einige Beispiele für die Verbindung persönlicher Glückserlebnisse mit den Schwerpunkten des Themas „Glück":

- Glück als **günstige Fügung:** vorphilosophischer Glücksbegriff, Kroisos, Fortuna;
- Glück als **Höhepunkterfahrung:** Ekstase, religiöse Glückserfahrungen, Glückspsychologie;
- Glück als **Zustand des Wohlbefindens:** Glückspsychologie, „Zufriedenheit";
- Glück als **Genuss** und **Lustgewinn:** Hedonismus, Freud, Epikur;
- Glück als **Rausch:** Glückspsychologie, Ekstase, religiöse Glückserfahrungen;
- Glück als **Tätigkeit** und **Leistung:** Eudaimonia, Aristoteles, Viktor E. Frankl;
- Glück als **Begegnung,** Ausbrechen aus der Isolation, Gebrauchtwerden: religiöse Glückserfahrungen, Viktor E. Frankl;
- Glück als **Sinnfindung,** Glück **im Glauben:** religiöse Glückserfahrungen, Viktor E. Frankl.

Glücksvorstellungen in der philosophischen Ethik

1 Was ist „Glück"? Eine erste Definition aus moderner Sicht

Psychologisch gesehen ist Glück eine herausragende, früher oder später aber wieder abklingende Hochstimmung, eine **höchst intensive Positiverfahrung,** die subjektiv als Wärme, als ausstrahlende Energie empfunden wird und die mit dem Gefühl verbunden ist, sich selbst akzeptieren zu können und anderen nahe sein zu wollen.

Demgegenüber ist **Zufriedenheit** ein Zustand in der emotionalen **Mittellage,** der deswegen auch **dauerhafter** sein kann. Um mit seinem Leben zufrieden zu sein, braucht man keine großen Glücksgefühle, und der Zustand der Zufriedenheit kann auch dann noch vorherrschen, wenn man immer wieder auch starke Belastungen, Ängste und Sorgen erlebt.

Sein Leben als **sinnvoll** zu empfinden, ist auch eine Positiverfahrung, die viel mit „Glück" zu tun hat. Hier herrscht die Überzeugung vor, dass man eine **wertvolle Tätigkeit** gefunden hat, der man so intensiv zustimmen kann, dass sie Freude bringt, dem eigenen Leben Halt gibt und einen sogar großes Leid ertragen lässt. Solche wertvollen Tätigkeiten können z. B. das Leben für eine persönliche Beziehung sein, für eine Familie, für einen erfüllenden Beruf, eine soziale Aufgabe oder eine religiöse Überzeugung. Insassen von Konzentrationslagern erzählen, dass nur solche Häftlinge eine Chance gehabt hätten, das Konzentrationslager zu überstehen, die für einen solchen Wert leben konnten.

Es zeigt sich, dass mit dem Begriff „Glück" unterschiedliche Zustände benannt werden: Einmal drückt der Begriff ein Hochgefühl von äußerster Intensität aus; bei den beiden Bedeutungen „Zufriedenheit" und „wertvolle Tätigkeit" handelt es sich um Einschätzungen eines ganzen Lebens, die auch dann noch positiv ausfallen können, wenn viel Schmerz und Leid ertragen werden mussten.

Das „Glück" aber, das sich die meisten Menschen wünschen, ist offensichtlich mehr als nur einige Augenblicke höchster Euphorie; das ganze Leben soll „glücklich" verlaufen: **Glück ist ein Lebensziel.**

2 „Glück haben“ – Der vorphilosophische Glücksbegriff

Glück wird nicht nur nach der Dauer oder der Intensität unterschieden, sondern auch danach, ob es von außen geschenkt wurde oder eine wenigstens zum Teil selbst erreichte innere Gestimmtheit ist.

So unterscheiden wir im Deutschen zwischen „ich habe Glück gehabt“ (d. h. ich bin einem Unglück entkommen oder habe unerwartet einen Volltreffer gelandet) und „ich bin glücklich“ (d. h. ich erfahre ein Hochgefühl, das weitgehend unabhängig ist von unverdienten Glückszufällen). Im Englischen gibt es diese Unterscheidung ebenfalls: Man spricht von „to be lucky“, wenn man das Zufallsglück meint, und von „to be happy“, wenn von einem inneren Zustand die Rede ist.

Der vorphilosophische Glücksbegriff beruht auf dem Konzept von „Glück haben“. Der einfachste und der direkte Weg zum Glück scheint das Beschenktwerden mit reichen **materiellen Gütern** zu sein, z. B. mit einem Lottogewinn. Ohne jede eigene Anstrengung ist man plötzlich mit Gütern ausgestattet, die das Leben so viel leichter und vielleicht auch luxuriöser machen und die zusätzlich noch soziales Ansehen einbringen. Dies ist die naiv unkritische, ja kindliche Auffassung davon, wie das eigene Lebensziel erreicht werden könnte. Wenn man die für das Erleben von Glück so wichtige Gesundheit hinzunimmt, ergibt sich die vielleicht am weitesten verbreitete Glücksauffassung. Sie scheint auch die ursprüngliche, historisch früheste und die am tiefsten eingewurzelte zu sein, gerade deswegen, weil sie auch die kindlichste ist.

Philosophen haben diese „naive“ Auffassung immer wieder verworfen, korrigiert und differenziert. Trotzdem ist sie über alle Jahrhunderte hinweg eine der wichtigen „Grundströmungen“ geblieben, die das Streben nach Glück kennzeichnen.

In **archaischer Zeit** gilt ausschließlich dieser Glücksbegriff, wie die alttestamentliche Geschichte Hiobs zeigt.

Hiob ist ein frommer, rechtschaffener und gottesfürchtiger Mann, dessen Leben als Inbegriff dieses oben skizzierten „glücklichen Lebens“ gelten kann.

Hiob 1,2 Und er zeugte sieben Söhne und drei Töchter
3 und er besaß siebentausend Schafe, dreitausend Kamele, fünfhundert Joch Rinder und fünfhundert Eselinnen und sehr viel Gesinde, und er war reicher als alle, die im Osten wohnten.

Die Liebe Gottes zu Hiob wird zeittypisch dadurch ausgedrückt, dass Hiob verschwenderisch mit äußeren Glücksgütern beschenkt wird. Weil Gott dann aber auf Veranlassung Satans Hiobs Treue zu ihm, dem Herrn, auf die Probe stellt, bricht über Hiob, für diesen völlig überraschend, das Unglück herein. Und „Unglück" bedeutet für die beschriebene Denkweise den Verlust des Reichtums, aller Kinder und auch seiner Gesundheit.

Hiob 2,7 Da ging der Satan hinaus vom Angesicht des Herrn und schlug Hiob mit bösen Geschwüren von der Fußsohle an bis auf den Scheitel.

Dass er auch sein Ansehen einbüßt, wird bei Hiobs Rückblick auf sein früheres glückliches Leben deutlich:

Hiob 29, 78 Wenn ich ausging zum Tor der Stadt und meinen Platz auf dem Markt einnahm,
8 dann sahen mich die Jungen und verbargen sich scheu, und die Alten standen vor mir auf,
9 die Oberen hörten auf zu reden und legten ihre Hand auf ihren Mund,
10 die Fürsten hielten ihre Stimme zurück und ihre Zunge klebte an ihrem Gaumen.
11 Denn wessen Ohr mich hörte, der pries mich glücklich, und wessen Auge mich sah, der rühmte mich.
30,1 Jetzt aber verlachen mich, die jünger sind als ich, deren Väter ich nicht wert geachtet hätte, sie zu meinen Hunden bei der Herde zu stellen.

Hiob wird angesichts seines Unglücks verachtet und verspottet.

Nach Hiobs Bewährung – er ist auch im größten Unglück nicht von Gott abgefallen – wendet Gott dessen Geschick und „mehrte den Besitz des Hiob auf das Doppelte" (Hiob 42,10b). Danach lebt Hiob noch einhundertvierzig Jahre.

Die Geschichte Hiobs dient als Beispiel für den **vorphilosophischen Glücksbegriff** der frühen Nomaden und Ackerbauern: Hiob, der Gerechte, wurde von Gott mit allem gesegnet, was einen glücklichen Menschen ausmacht: viele Kinder, eine große Anzahl von Bediensteten, riesige Herden, Ansehen und Einfluss, Gesundheit und langes Leben.

In der **griechisch-römischen Antike** verteilt oder verweigert **Fortuna,** die Göttin des Glücks und der Schicksalsfügung, solche Güter. Diese Gottheit wird in der Antike und der Renaissance zum Zeichen der Unbeständigkeit des äußeren Glücks häufig auf einem Flügelrad heran- und wieder forteilend dargestellt. Die Augenbinde zeigt die Willkür an, mit der sie Einzelnen die (materiellen) Gaben aus dem Füllhorn zuteilt, und die Geißel in der linken Hand die Grausamkeit, mit der sie andere benachteiligt.

Der Unterschied zwischen der engen personalen Bindung Hiobs an den alttestamentarischen Gott und der blinden Willkür Fortunas gegenüber dem Einzelnen ist bezeichnend für den unterschiedlichen Gottesbegriff im Judentum und in der antiken Tradition.

Zusammenfassung: „Glück haben" – Der vorphilosophische Glücksbegriff

Denjenigen kann man glücklich nennen, der mit **Reichtum** und **Gesundheit** ausgestattet ist und (deshalb) auch **Ansehen** genießt.
Glück und Unglück sind eine **Gabe Gottes** oder der Götter oder des **Schicksals.**

3 „Glücklich sein" – Der philosophische Glücksbegriff

3.1 Solon und der Beginn der philosophischen Reflexion

Kroisos (oder Krösus; um 595–um 546 v. Chr.) war seit 560 König der Lyder. Sein Reich mit der Hauptstadt Sardes lag in der heutigen Westtürkei und grenzte an die kleinasiatische Mittelmeerküste. Sein legendärer Reichtum – vgl. die Redensart „sein Onkel ist ein wahrer Krösus" – beruhte auf den Gold- und Silbervorkommen, die er in seinem Herrschaftsgebiet erschließen konnte, und auf seiner Expansionspolitik: Er machte sich die reichen ionischen Griechen tributpflichtig, die an der kleinasiatischen Küste zwischen Ost und West sehr erfolgreich Handel trieben. Im Osten vergrößerte er sein Reich bis an den Halys, den Grenzfluss zum Perserreich.

Der griechische Geschichtsschreiber Herodot erzählt, dass der weise Solon (um 640 – um 560 v. Chr.) die Welt sehen wollte, nachdem er den Athenern auf ihren Wunsch hin neue Gesetze gegeben hatte. Auf seiner Reise durch Ägypten und Vorderasien besuchte er auch Kroisos in Sardes. Kroisos muss nach den Kriterien des „vorphilosophischen Glücksbegriffs" als der vom Schicksal am meisten Begünstigte erscheinen; und so sah er sich auch. Nach ein paar Tagen nämlich mussten Kroisos' Diener dem Solon, der als einer der „Sieben Weisen" galt, alle Schätze zeigen und Kroisos wollte dann in aller Unschuld wissen, wen der weise Mann für den allerglücklichsten Menschen auf Erden halte. Dem völlig überraschten Kroisos nennt Solon daraufhin einen gewissen Tellos aus Athen und begründet seine Wahl so:

Tellos lebte in einer blühenden Stadt, hatte treffliche, wackere Söhne und sah, wie ihnen allen Kinder geboren wurden und wie diese alle am Leben blieben. Er war nach unseren heimischen Begriffen glücklich und ein herrlicher Tod krönte sein Leben. In einer Schlacht zwischen Athenern und ihren Nachbarn in Eleusis brachte er durch sein Eingreifen die Feinde zum Weichen und starb den Heldentod. Die Athener begruben ihn auf Staatskosten an der Stelle, wo er gefallen war, und ehrten ihn sehr.

Herodot: Historien I 30–33.

Es wird deutlich, dass das neue Glücksideal nicht mehr ichbezogen ist und materiell begründet wird, sondern dass – neben dem durchaus noch den Göttern zu verdankenden Anteil (treffliche Söhne und Enkel) – der Akzent vor allem auf einem **gedeihlichen Gemeinschaftsleben** liegt (Leben in einer erfolgreichen Stadt und einer tüchtigen Großfamilie und der ruhmreiche Tod für die Gemeinschaft).

Materielles Glück: Zar Ivan der Schreckliche wird nach seiner Krönung 1547 symbolisch mit Glück, mit allem Reichtum seines Reiches überschüttet; Szene aus Sergej Eisensteins Film: Ivan Grosnij, 1944.

Ein weiterer wichtiger Gesichtspunkt ist die weitgehende **Unabhängigkeit** vom „Füllhorn" der materiellen Glücksgüter:

> Derjenige Mensch aber, der das meiste von dem, was er bedarf, besitzt und in diesem Besitz lebt und frohen Herzens stirbt, der, König, verdient nach meiner Meinung den Namen eines Glücklichen.
>
> *Herodot: Historien I 30–33.*

Kritik am vorphilosophischen Glücksbegriff

Aufgrund der eigenen Lebenserfahrung und der philosophischen Reflexion wird man sich offenbar der Tatsache bewusst, dass Glück in der Befriedigung von Bedürfnissen nicht zu erreichen ist. Jeder erfüllte Wunsch bringt sofort einen neuen hervor und setzt eine Spirale des Wünschens in Gang, die tendenziell ins Übermäßige und Unermessliche führt. Dazu kommt die Tatsache, dass rein materielle Glücksgüter ein denkendes Wesen nicht zufrieden stellen können und dass das Gefühl schwer zu ertragen ist, das eigene Lebensglück hänge ganz von Umständen ab, die man nicht unter Kontrolle hat. Unerträglich erscheint auch die Konzeption, dass dieses Glück so unberechenbar ist und weder einem Verdienst noch einem persönlichen Engagement Rechnung trägt.

Diese Kritik gilt allerdings nicht für die Haltung des Hiob. Die religiöse Haltung besteht ja gerade in der vollständigen Hingabe an Gott und das Sich-Fügen in seinen Willen. Die Belohnung des Gerechten durch Gott wird in den frühen Jahrhunderten eben in der Ausstattung mit Glücksgütern, Gesundheit und hohem Alter gesehen; in den späteren Jahrhunderten geschieht dies nicht mehr.

3.2 „Eudaimonia" – Der Glücksbegriff der Antike

„Eudaimonia", übersetzt mit „Glückseligkeit", ist ein komplexer Begriff, der verschiedene Leitgedanken voraussetzt und mehrere Faktoren zusammenfasst.

Wortgeschichtlich bedeutet er, dass jemand von einem guten Geist (griech. *eu daimon*) gelenkt wird, sodass er seine **Stellung als Mensch in Kosmos und Gesellschaft** erkennt und nicht der Hybris (Selbstüberhebung) verfällt; dass er sein Streben an dieser Erkenntnis ausrichtet und nicht irgendein beliebiges Leben führt, sondern ein **geglücktes Leben.** Dieses geglückte Leben erreicht er vor allem dadurch, dass er den **Bestzustand seiner Fähigkeiten und Anlagen** verwirklicht, gemäß dem Leitspruch: „Werde, der du bist!"

Ob jemand ein im Ganzen geglücktes Leben geführt hat, kann man erst nach seinem Tod erkennen, wenn feststeht, dass er auch ein glückliches Ende gehabt hat.

Ein wesentlicher Bestandteil des Konzepts der Eudaimonia ist der Gedanke der **Autarkie,** d. h. **Selbstgenügsamkeit, Selbstständigkeit, Unabhängigkeit.** Die Tatsache, dass Eudaimonia und Autarkie zusammengehören, beruht erstens auf der Erfahrung, dass ein glückliches Leben beeinträchtigt oder unmöglich gemacht wird durch allzu starke Abhängigkeiten, die man selbst eingeht oder die einem von außen auferlegt werden. Dazu können gesellschaftliche Konventionen und Zwänge gehören, denen man nicht zustimmt, materielle Güter oder auch persönliche Bindungen, auf die man ohne Gefahr für die eigene Person nicht mehr verzichten kann. Daher ist Autarkie nach Auffassung der antiken Philosophen eine der Grundbedingungen für das Erleben von Glück. Und zweitens: Das Glück wäre ja nicht jenes gesuchte **oberste Gut,** wenn es ergänzungsbedürftig wäre.

Aristoteles (384–322 v. Chr.) definiert Eudaimonia als das „vollkommene und selbstgenügsame Gut", das er in letzter Konsequenz in der „Theoria", der geistigen Tätigkeit und Erkenntnis sieht, unter anderem gerade deshalb, weil diese Tätigkeit unabhängig von allen Dingen und Personen möglich ist.

Die **Kyniker** (z. B. Diogenes) sehen das Ideal der Autarkie in der Ablehnung aller gesellschaftlichen Konventionen und (luxuriösen) Bedürfnisse verwirklicht, die **Epikureer** in der Abgeschiedenheit vom öffentlichen Leben und der vernünftigen Kontrolle von Bedürfnissen, die **Stoiker** in der Ausschaltung der als schädlich gedachten Gefühle und Leidenschaften.

Vernunftlose Wesen können den Begriff eines „gelingenden Lebens" gar nicht entwickeln und folglich auch nicht nach diesem Ziel streben. Deswegen gehört auch die Vernunft unmittelbar zum Begriff der Eudaimonia.

Wenn man nun noch einmal zurückschaut auf die moderne Glücksdefinition, mit der wir begonnen haben, nämlich Glück als das Erleben einer intensiven Hochstimmung, dann sehen wir, dass die antike Glücksvorstellung vollkommen anders konzipiert ist: Es geht der Antike nicht wesentlich um das Erleben eines bestimmten Gefühls, beispielsweise „gut drauf" sein, körperliches Wohlbefinden, Liebe, Hochgefühl nach einem Erfolg, sondern um die Verwirklichung einer **Lebensleistung.** Deswegen nennen wir die antike Ethik eine **Tugendethik,** weil sie verlangt, dass der Mensch nach Maßgabe der Vernunft in der für ihn optimalen Weise handelt (also „tugendhaft" ist), und weil sie meint, dass diese Bestform des Handelns notwendig ist für das Glück.

Zusammenfassung: „Glücklich sein" – Der philosophische Glücksbegriff

Das wahre Glück ist nicht in äußeren Gütern und leiblichen Genüssen zu finden, die von übergeordneten Mächten geschenkt oder verweigert werden können, sondern ist in der **richtigen inneren Haltung des Menschen** begründet, die schließlich auch zum richtigen Handeln führt.
Das höchste und alles umfassende (autarke) Ziel des Menschen ist das gute, d. h. das **geglückte Leben.** Man erreicht dies, indem man seine Anlagen und Fähigkeiten bestmöglich ausbildet und sich dann in seinem ganzen Leben, in allen Situationen nach der **Vernunft** richtet und optimal handelt.

4 Platon – Glück und die Idee des Guten

Platon (um 427 – um 347 v. Chr.) bezieht eine extreme Gegenposition zu der Alltagsvorstellung vom Glück, wie wir sie beispielsweise bei Kroisos kennen gelernt haben.

4.1 Platons Vorstellung von Welt und Seele

In seiner „Zwei-Welten-Theorie" geht Platon davon aus, dass der von uns täglich erlebten Welt keine selbstständige Realität zukommt. Die Phänomene, die in „unserer" Welt des Vergänglichen zu finden sind, also Pflanzen, Tiere, Gegenstände und Handlungsweisen, sind nur die unvollkommenen Abbilder jener Urbilder, die als **„Ideen"** in einer jenseitigen, rein geistigen Welt aufbewahrt sind. „Unsere" Welt des Körperlichen und Vergänglichen bezieht ihr Dasein und ihre Realität nur aus der Nachahmung (griech. *mímesis*) oder der Teilhabe (griech. *méthexis*) an der **Welt der Ideen.**

In dieser Welt der Ideen gibt es kein Werden und Vergehen, nichts Zufälliges, nichts Sinnliches, nichts Relatives, und sie gipfelt schließlich in der **Idee des Guten.** Diese ist die Ursache für alle Erkenntnis und Wahrheit, die Ursache des Seins und des Gutseins aller Ideen und sie verleiht der jenseitigen Welt Ordnung, Maß und Einheit – durch ihren Abglanz indirekt auch „unserer" unvollkommenen Welt.

Die menschliche Seele wiederum ist von einem Streben nach Vollkommenheit und letzter Erkenntnis durchdrungen. Ihr höchstes Ziel ist die Schau des Wahren, Schönen und Guten in der Idee des Guten.

Vor ihrer Geburt hat die menschliche Seele nämlich auf ihrer Seelenwanderung das Reich der Ideen schon einmal geschaut. Allerdings wurde dieses Wissen der Seele durch ihre Wiedergeburt in einen rein materiellen Körper hinein gleichsam ins Unbewusste zurückgedrängt. Der wahrhaft Philosophierende muss deshalb das ursprüngliche Wissen erst durch langwierige, anstrengende, abstrakte Denkarbeit zurückholen. Es ist klar, dass eine solche Leistung nur einer kleinen Gruppe von Menschen gelingen kann. Der weitaus größte Teil der Bevölkerung bleibt in einem Zustand des Unwissens und des Irrtums darüber, was der Mensch eigentlich tun sollte. Deswegen müssen die wenigen, denen der Aufstieg zur wahren Erkenntnis gelingt, ihr Wissen in den Dienst der Gemeinschaft stellen.

In seinem **„Höhlengleichnis“** schildert Platon die Erkenntnis der Idee des Guten metaphorisch als den Aufstieg eines Menschen aus einer unterirdischen Höhle bis an das Licht der Sonne. Dieser Aufstieg führt ihn zur wahren Erkenntnis, während die in der Höhle gefesselt sitzenden Menschen nur flüchtige Schatten erkennen können, die sie für die wahren Dinge halten. Die Rückkehr in die Höhle zu den im Irrtum befangenen Menschen bekommt dem Philosophen aber schlecht. Wenn er die dort Sitzenden von seiner Erkenntnis überzeugen will, verlacht man ihn, wenn er sie dem Guten näher bringen will,

Platons Höhlengleichnis: Die in der Höhle gefesselten Menschen (unten rechts) starren auf die durch den Feuerschein einer Laterne an die Wand geworfenen Schatten von Bildern. In der linken Bildhälfte sind diejenigen dargestellt, die ihr Schattendasein bereits erkannt haben. Links im Hintergrund weist der Philosoph außerhalb der Höhle mit einer Geste auf die Sonne, die wahre „Idee des Guten“.

wird man ihn vielleicht sogar töten. Hier spielt Platon mit großer Sicherheit auf die Verurteilung und den Gifttod seines Lehrers Sokrates an, der die Athener sein Leben lang – unermüdlich und oft auch auf provokante Weise – vom Guten zu überzeugen suchte.

4.2 Platons Vorstellung vom „gelingenden Leben"

Als guter und gerechter und damit als glücklicher Mensch leben und handeln kann nach der Auffassung Platons nur der **Philosoph,** weil er allein fähig ist, die Idee des Guten zu erkennen und sie in diesseitiges Leben umzusetzen. Die „Idee des Guten" ist das Unbedingte, das Absolute im menschlichen Leben, und „gelingendes Leben" kann nur bedeuten, an diesem Absoluten, Göttlichen teilzuhaben. Was dagegen „die vielen" für Glück halten – Macht, Reichtum und Besitztümer –, ist demgegenüber nichts wert.

Platons pessimistische Einschätzung des Charakters und der Einsichtsfähigkeit des nicht philosophierenden Rests der Bevölkerung geht so weit, dass er keine gemeinsame Basis sieht zwischen dem, was der wahrhaft Philosophierende weiß, und dem, was die „vielen" für wahr halten. Sie verlachen ihn ja auch, und wenn er sie zur Umkehr anhält, läuft er Gefahr, getötet zu werden. Als Beweis für diese Auffassung gilt Platon die Verurteilung des Sokrates. Dessen Verurteilung beweist aber auch, dass das Gemeinwesen, die „Polis", schlecht regiert wird und dass in ihm Unrecht geschieht. Aus dieser moralischen Verkommenheit können die Stadtstaaten nur herausgeführt werden, indem die wahrhaft Philosophierenden die Herrschaft übernehmen oder die Machthaber selbst zu Philosophen werden. Die Übrigen werden dann gezwungenermaßen den Philosophen-Machthabern folgen und mögen über das Glück der Polis auch ihr privates Glück finden.

Zusammenfassung: Platon – Glück und die Idee des Guten

Glück und gelingendes Leben liegen nach Platon in der Erkenntnis und der Teilhabe am Absoluten, an der „Idee des Guten". Das heißt auch, dass nur die **philosophische Erkenntnis** Glück bringt und dass nur der Philosoph gerecht handeln und glücklich sein kann, nicht aber die gewöhnlichen Menschen.

Exkurs: Aristipp

Aristipp (um 435 – um 366 v. Chr.) und seine Schule der Kyrenaiker beteiligen sich nicht an der philosophischen Glücksdiskussion und lehnen das Ziel der *eudaimonia* ab. Ihrer Ansicht nach ist es vielmehr erstrebenswert, möglichst viel Lust im jeweiligen Augenblick zu erreichen. So ergibt sich „Glück" für sie günstigstenfalls aus einer **Verbindung zahlreicher Lustmomente.** Da dies aber schwer, wenn nicht gar unmöglich zu erreichen sei, soll man sich um einen solchen Zustand gar nicht erst bekümmern. Glück ist für die Kyrenaiker ein zu hoch gegriffenes und daher gar nicht erstrebenswertes Ziel.

5 Aristoteles – Glück und menschliches Tätigsein

Aristoteles (384–322 v. Chr.) schließt in mehrfacher Hinsicht einen Kompromiss zwischen unterschiedlichen Positionen: Er verwirft Platons im Absoluten begründetes Glück keineswegs, aber in bewusstem Gegensatz zu Platon sind für ihn gelingendes Leben und Glück nicht den Philosophen allein vorbehalten. Glück ist „vielen gemeinsam", d. h. prinzipiell von allen erreichbar (Ausnahme z. B. die Sklaven). Aristoteles unterscheidet deshalb zwei Arten des gelingenden Lebens: **Teilhabe am Absoluten** (Philosoph) und **gelingende Lebenspraxis** des freien Bürgers in der Polis.

Aristoteles

Der Einzelne, der auf die Vernunft hört und seine Triebe, Leidenschaften und Wünsche im Vollzug der **„Ethik der Mitte"**[1] veredelt, kann durch die optimale Verwirklichung seiner Fähigkeiten in der Polis glücklich werden. Wenn schließlich alle Bürger der Polis nach diesem Prinzip leben, besteht die Gemeinschaft aus insgesamt glücklichen Individuen, die ihr Bestes tun.

1 „Ethik der Mitte" bedeutet die Ausbildung einer konsequenten vernünftigen Handlungsweise in allen Lebenssituationen. Ob wir nach der rechten Vernunft handeln, erkennen wir daran, dass wir die richtige Mitte finden und Extreme vermeiden. Wenn jemand z. B. in einer Bewährungssituation richtig handeln will, darf er weder feige (das Extrem des „Zuwenig") noch tollkühn (das Extrem des „Zuviel") sein, sondern er muss tapfer (richtige Mitte) handeln. Ähnlich verhält es sich in Situationen, in denen wir Menschen helfen sollen. Wir müssen uns als großzügig erweisen und dürfen weder geizig (das Extrem des „Zuwenig") noch verschwenderisch (das Extrem des „Zuviel") sein. Ein gutes Zeichen, dass wir die rechte Mitte gefunden haben, ist die Schwierigkeit, sie einzuhalten, weil eins der Extreme bequemer wäre.

Von einem „aristotelischen Kompromiss“ lässt sich auch deswegen sprechen, weil Aristoteles anerkennt, dass Glück auch **Geschick** ist und nicht nur eine menschliche Leistung und dass auch **materielle Glücksgüter** und die Lust zum vollkommenen Glück gehören. Neben dem menschlichen Handeln hängt also das gelingende Leben auch von Gesundheit, gutem Aussehen, Freiheit von Armut, von der Art der Erziehung und der Möglichkeit der Selbstbestimmung in der Gemeinschaft freier Bürger (Polis) ab. Lust und Freude sind eine Folge des richtigen Handelns.

Zusammenfassung: Aristoteles – Glück und menschliches Tätigsein

Das gelingende Leben besteht in einem **von der Vernunft geleiteten Tätigsein** des Menschen in möglichst vollkommener Weise.
Der Philosoph hat sein Leben lang denkend und schauend Anteil am Vollkommenen *(theoria)* und an der Glückseligkeit im äußersten Sinne (Konzept Platons).
Aber es gibt auch ein gelingendes Leben, das sich an der bürgerlichen Normalität orientiert: Derjenige Mensch handelt richtig, der **auf die Vernunft hört** und das Beste in seinem jeweiligen Beruf gibt.

6 Das Problem der Antike mit der Lust (Überblick)

Am weitesten verbreitet ist in der Antike die Auffassung, dass Lust in dem Übergang von einem widernatürlichen Zustand (z. B. Hunger) zu einem natürlichen Zustand (z. B. Sättigung) besteht. Der als widernatürlich bewertete Zustand wird als Unlust empfunden, die Rückkehr in den „natürlichen“ Zustand als Lust.

Der Vorteil dieses Modells liegt darin, dass die Vergänglichkeit der Lust erklärt werden kann, sowie in der Tatsache, dass Lust grundsätzlich positiv, Unlust negativ gesehen wird. Der Nachteil dieses Modells ist jedoch, dass es nur auf die körperliche Lust passt, nicht aber auf ästhetische oder geistige Genüsse, wie Hören von Musik oder Lust an der Erkenntnis. So ergibt sich die Notwendigkeit, den Begriff der Lust und die Einstellung zu ihr genauer zu durchdenken.

Dadurch entwickeln sich im Wesentlichen **vier Einstellungen zur Lust:**

- Der in der Antike selten vertretene **Hedonismus** (griech. *hedoné:* Lust) sieht die **Lust als das höchste und eigentliche Gut** und glaubt, das Erleben von Lust sei das Ziel allen menschlichen Verhaltens und Strebens. Vertreter des Hedonismus sind Aristipp und – mit wichtigen Einschränkungen – Epikur.

Drei andere Positionen stehen der Lust kritisch gegenüber:

- **Einige Lustempfindungen sind gut, die meisten schlecht.**
  Diese Position vertritt Platon: Die „gute Lust" ist das ästhetische Wohlgefallen z. B. an schönen Formen und Klängen und die Lust an der theoretischen Erkenntnis. Gut ist auch das körperliche Wohlbefinden bei guter Gesundheit und (gerade noch) die Lust an Wohlgerüchen. Dies sind „reine" Lustempfindungen und sie darf man dem höchsten Gut zurechnen, da Reinheit mit Wahrheit, Schönheit und dem richtigen Maß zur Ordnung des Guten, Vollkommenen und (ewig) Seienden gehört.
  Platon legt also den Wert der Lust gemäß den Wertbegriffen seiner Metaphysik fest. Die „unreine" Lust, also vor allem die Triebbefriedigung, die ständig in ihrer Intensität und Qualität wechselt, kann nur zur metaphysisch geringer wertigen Ordnung des Werdens und Vergehens gezählt werden.
  Lust hat keinen Wert an sich und kann nur wertvoll sein, insofern sie den Maßstäben des Guten genügt.
- **Lust ist gut, jedoch nicht das höchste Gut.**
  Aristoteles räumt der Lust einen höheren Rang ein als Platon. Die Lust begleitet und vollendet das richtige Handeln. Sie ist das zum richtigen Handeln „Hinzukommende", sie ist umso höher, je vollkommener die jeweilige Tätigkeit ist; die geistige Schau (griech. *theoria*) des Philosophen und Wissenschaftlers, also die vollkommenste menschliche Tätigkeit, ist begleitet von der vollkommensten Lust.
- **Lust ist ohne jeden Wert und dem „gelingenden" Leben abträglich.**
  Die radikalen Lustgegner, zu denen auch die Stoiker gehören, lehnen die Lust aus den bei Platon erwähnten metaphysischen Gründen ab sowie unter dem Gesichtspunkt, dass die Lust notwendigerweise Unlust oder Schmerz nach sich zieht.

7 Epikur – Glück und seelischer Friede

Aufgrund der schlechten Quellenlage lässt sich Epikurs Auffassung nicht widerspruchsfrei rekonstruieren. Plausibel erscheint die folgende Zusammenfassung: Epikur (um 342 – um 271 v. Chr.) vertritt einen **negativen Hedonismus:** Lust und Glück bestehen in der Abwesenheit von Schmerz und ungestillter körperlicher Begierde, dem Zustand der **Aponie,** und der Abwesenheit von seelischer Unruhe, dem Zustand der **Ataraxie.** Diese Lust wird als katastematische Lust (griech. *katastema:* Zustand, Haltung) bezeichnet. Der Zustand der Lust ist also erreicht, wenn alle Unlust verschwunden ist.

In Epikurs einprägsamen Merksätzen formuliert heißt das: Alles, was der Körper will, ist „nicht frieren, nicht hungern, nicht dürsten." Alles, was die Seele will, ist „nicht Angst haben".

In der Überlieferung Ciceros lautet diese Grundregel so: „Als die größte Lust sehen wir vielmehr diejenige an, die wahrgenommen wird, wenn einmal aller Schmerz verschwunden ist." (De finibus bonorum et malorum I, 37)

Lust kann aber auch direkt als **Positivempfindung** erlebt werden. So tragen die momentanen Erlebnisse von Vergnügen und Freude, die so genannte kinetische Lust (griech. *kinesis:* Bewegung, Erschütterung), durchaus auch zu einem lustvollen und glücklichen Leben bei:

Ich jedenfalls weiß nicht, was ich mir unter dem Guten vorstellen soll, wenn ich die Lüste des Geschmacks, die Lüste der Liebe, die Lüste des Gehörs wegnehme, sowie die lustvollen Bewegungen [der Seele], die durch den Anblick einer schönen Gestalt erzeugt werden.

Epikur: Über das höchste Gut.

Das Hauptziel Epikurs ist es, alle Hindernisse für ein glückliches Leben aus dem Weg zu räumen.

1. Löse dich von Aberglauben und irrationalen Ängsten!

Hindernisse für ein glückliches Leben sind vor allem irrationale Ängste: Angst vor dem Tod, Angst vor dem Zorn der Götter und vor einer Strafe nach dem Tod (Totengericht). Epikurs Erkenntnislehre und Naturwissenschaft zeigen dem Ratsuchenden aber, dass die Götter (im Gegensatz zur Auffassung der Ungebildeten) nicht in das Leben der Menschen eingreifen, dass die Seele mit dem Körper des Menschen zusammen zerfällt und dass der **Tod kein Übel** ist. „Das schauerlichste Übel, der Tod, geht uns also nichts an. Denn solange wir sind, ist der Tod nicht da, und sobald er da ist, sind wir nicht mehr." (Brief an Menoikeus)

2. Lebe vernünftig und tugendhaft!

Ein anderes Hindernis für ein glückliches Leben ist die eigene Unvernunft. Sie veranlasst uns zu Handlungen, die wir später möglicherweise bereuen. Deswegen fordert Epikur seine Schüler auf, **vernünftig und „tugendhaft" zu leben.** Vernunft und Tugend seien die „Steuerleute", die den Glückssuchenden durch alle Klippen des Unglücks manövrieren. Mit dieser Aussage ist auch klar, dass bei Epikur Vernunft und Tugend keinen Wert an sich darstellen und keine autonome moralische Qualität haben: Sie dienen als Instrumente für eine glückliche Lebensführung.

Epikur

3. Lass dich nicht zum Sklaven deiner Triebe machen; prüfe den Lustgewinn!

Die Erfüllung sinnlicher Lust kann, etwa durch Übermaß, selbst Schmerzen und Unlust hervorbringen. Deswegen ist es wichtig, die Bedürfnisse nicht zu sehr wachsen zu lassen und das Ziel der **Aponie** (Unbeschwertheit, Freisein von Schmerz und Kummer) und **Ataraxie** (äußere und innere Ruhe, Unerschütterlichkeit) als Leitideal stets im Auge zu behalten. Das Leben ist bei Epikur bescheiden, fast asketisch: „Auch die Selbstgenügsamkeit halten wir für ein hohes Gut, [...] damit wir, wenn wir das Viele nicht haben, mit dem Wenigen zufrieden sind [...]." (Brief an Menoikeus). Der Philosoph empfiehlt Genügsamkeit nicht als Selbstzweck, sondern als Weg, um uns von äußeren Faktoren unabhängig zu machen.

In manchen Situationen kann es dem Glück zuträglicher sein, wenn wir einen (geringeren) Schmerz freiwillig zulassen, um danach eine größere Lust zu erlangen. Deswegen sollte man in solchen Fällen eine **Lust-Unlust-Bilanz** ziehen **(„hedonistischer Kalkül"),** um langfristig dem erstrebten Glück näher zu kommen.

4. Lebe im Verborgenen!

Vor allem die Außenwelt ist eine ständige Quelle von Schmerz, Angst, Enttäuschung und Leid. Gerade auch die Teilnahme am politischen Leben bringt solche negativen Erfahrungen gehäuft mit sich (Ende der griechischen Stadtstaaten, Beginn des Alexanderreiches). Deswegen gilt es, **sich einer launenhaften Öffentlichkeit zu entziehen,** sowohl ihrer Bewunderung als auch ihrer Verurteilung. „Der Weise wird sich nicht an der Politik beteiligen und nicht Herrscher sein wollen." Das Bedürfnis nach gesellschaftlicher Anerkennung durch eine Krone oder ein Denkmal nennt Epikur in seiner Analyse der Bedürfnisse „nichtig".

5. Pflege die Freundschaft!
Die Freundschaft spielt bei Epikur eine bedeutende Rolle: „Von allem, was Weisheit zur Glückseligkeit des ganzen Lebens bereitstellt, ist weitaus das Größte die Erwerbung der Freundschaft" (Hauptlehren 27).

Aus diesen Gründen ist der eigentliche Ort der epikureischen Lebensführung das Leben im **privaten Garten** (vgl. die Bezeichnungen „Gartenphilosoph" oder philosophische „Schule des Gartens") und in kleinen Zirkeln gleichgesinnter Freunde, in die auch Frauen und Sklaven offenbar als gleichberechtigte Mitglieder aufgenommen wurden.

Die **Lebenskunst** Epikurs ist also zunächst – wie bei Platon – in der **philosophischen Erkenntnis** begründet. Er philosophiert, gebraucht seine praktische Vernunft und befreit sich dadurch von Vorurteilen, Aberglauben und von eigenen unvernünftigen Zielen.

Dazu tritt die **Distanz** gegenüber der eigenen Triebsphäre und allen Erscheinungen des menschlichen Lebens: Der Weise ist auch deshalb glücklich, weil er jederzeit gelassen auf die äußeren Güter des Lebens verzichten kann. Sogar zum Leben und zum Tod nimmt er die Position furcht- und begierdeloser Distanz ein. Er weist das Leben weder von sich noch fürchtet er sich vor dem Nichtsein.

Schmerzlosigkeit, Seelenfrieden und Freude durch sinnliche Erfahrungen und durch den Umgang mit Freunden sind der Lohn der richtigen Lebensführung.

Zusammenfassung: Epikur – Glück und seelischer Friede

Glück ist nach Epikur ein optimaler Zustand der **Aponie,** des Freiseins von körperlichem Schmerz und ungestillter körperlicher Begierde, und der **Ataraxie,** des Freiseins von seelischer Qual oder Beunruhigung. Dieser Zustand wird oft auch als vollkommener innerer Friede („Seelenfriede") oder als „Meeresstille" beschrieben. Daneben gibt es **momentane Erlebnisse von Vergnügen und Freude,** die ebenfalls Lust hervorbringen.

8 Stoà – Glück und Tugend

Die Stoà, eine der berühmten Philosophenschulen in Athen, die vom 4. Jahrhundert v. Chr. bis etwa 260 n. Chr. bestand, hat ihren Namen von der bemalten Säulenhalle *(stoà poikile)* auf dem Marktplatz von Athen erhalten, in der man sich traf. Deshalb werden die Stoiker auch „Hallenphilosophen" genannt. Der Gründer der Schule ist Zenon aus Kition auf Zypern (um 323–262 v. Chr.).

Rekonstruktionszeichnung der „bunten Halle" von Athen.

Aufgrund ihrer langen Wirkungsgeschichte haben sich in der stoischen Philosophie immer wieder abweichende Auffassungen, Differenzierungen und andere Akzentsetzungen ergeben. Daher können hier nur die wichtigsten gemeinsamen Grundlagen dargestellt werden.

Zweckmäßigerweise unterteilt man die Geschichte der Stoà in drei Abschnitte:

- Die ältere Stoà (4./3. Jhd. v. Chr.); Hauptvertreter: Zenon von Kition und Chrysippos (281/277–208/204 v. Chr.),
- die mittlere Stoà (2./1. Jhd. v. Chr.); Hauptvertreter: Panaitios (um 185–um 109 v. Chr.) und sein Schüler Poseidonios (135–51 v. Chr.), dessen Vorlesungen auf Rhodos Cicero eine Zeit lang gehört hat,
- die jüngere Stoà (römische Kaiserzeit); Hauptvertreter: Seneca (4 v. Chr. – 65 n. Chr.), Epiktet (50–138 n. Chr.) und Kaiser Marcus Aurelius (121–180).

Im Gegensatz zu der Auffassung Epikurs gehen die Stoiker von der Beobachtung aus, dass die Natur und alle Lebewesen nicht nach Lust streben, sondern danach, **sich selbst zu erhalten.**

8.1 Der Grundgedanke der „Oikeiosis"

Das griechische Wort *oikeion* bedeutet ursprünglich das, was zum eigenen Hausstand gehört, d. h. alle Personen und Sachen; es bezeichnet insbesondere eine durch Blutbande gestiftete Zugehörigkeit.

Unter **Oikeiosis** als philosophischem Begriff versteht die Stoà dann jenen schrittweisen Prozess, durch den ein Mensch seine **Identität** findet und mit der Welt und dem Kosmos vertraut wird. In diesem Prozess lernt der Mensch auch zu erkennen, welche Personen, Eigenschaften und Güter er aus der ihn umgebenden Welt als zu sich gehörig annehmen soll und wovor er sich hüten und schützen muss.

Cicero beschreibt diesen Prozess so, dass „ein Lebewesen, sobald es geboren ist, [...] sich selbst verbunden fühlt und sich mit der Aufgabe betraut sieht, sich und seinen Status zu erhalten und das, was seinen Status erhält, liebend zu ergreifen; seinen Untergang aber fremd und abstoßend findet und ebenso jene Dinge, die den Untergang herbeizuführen scheinen" (De finibus bonorum et malorum III, 16).

Von dem Ausgangspunkt der Selbstbewahrung aus bestimmen die Stoiker, was der Mensch als zu sich gehörig betrachten und was er meiden soll.

Das dem Menschen Zugehörige und Zuträgliche

Unmittelbar und uneingeschränkt zugehörig ist dem Menschen die (individuelle) **Vernunft** und deshalb auch die Übereinstimmung mit allen anderen Vernünftigen und schließlich auch mit dem vernünftigen Prinzip (griech. *logos*), das der Natur und dem Kosmos zugrunde liegt.

Die Vernunft ist also die Grundlage und Norm des Lebens. Das Vernünftigsein fordert wiederum ein tugendhaftes Leben, denn **Tugend** ist die **in die Lebenspraxis umgesetzte Vernunft.** Cicero nennt sie *recta ratio,* die „rechte Vernunft". Die Tugend reicht nicht nur aus, um das Glück zu garantieren, sondern ist identisch mit Glück. – Insofern nehmen die Stoiker nicht nur zu Epikur, sondern in diesem Punkt auch zu Aristoteles und Platon eine Gegenposition ein.

Damit steht fest, dass nur der Vernünftige tugendhaft handelt und glücklich wird.

Das dem Menschen Fremde und Unzuträgliche

Der nicht-vernünftige Teil der Seele, die Triebe, die Affekte und Leidenschaften (griech. *pathé*) – Begierde, Lust, Angst, Furcht und Trauer – werden als dem Menschen unzuträglich betrachtet. Sie sind die Quelle aller bösen Eigenschaften, z. B. Ungerechtigkeit, Feigheit, Triebhaftigkeit, und der daraus folgenden schlechten Handlungen und müssen wie Krankheiten der Vernunft durch tugendhaftes Leben und ständige Härte gegen sich selbst, durch ein moralisches Trainings- und Abhärtungsprogramm, bekämpft werden. Diesen so erreichten Zustand nennt die Stoà **Apatheia** (griech. „Unempfindlichkeit gegenüber Leid und Schmerz"). Dieser neue Begriff löst Epikurs „Seelenfrieden" *(ataraxia)* ab und signalisiert gleichzeitig eine erhebliche Verschärfung des Programms. Es geht nicht mehr nur um eine Befreiung von der Macht der Affekte, sondern um eine vollständige Ausschaltung der Affekte.

Das für das Glück des Menschen Gleichgültige

Im Verlauf des menschlichen Lebens heißt es aber auch zu wählen zwischen verschiedenen Lebenszielen und Gütern, beispielsweise Reichtum, Ansehen oder Ruhm. Jeder kann sie zu erreichen suchen, sollte sich aber darüber im Klaren sein, dass das Verfolgen dieser Dinge nicht das Ziel des menschlichen Lebens ist. Der Vernünftige kann sie als vorhanden anerkennen, aber zugleich auch in völliger Gleichgültigkeit auf sich beruhen lassen. Sinnvoll ist es aber auch, die Strebensziele nicht allzu hoch anzusetzen, damit die Seele nicht in Aufruhr gerät. Der Vernünftige hat gelernt, **nur das zu wollen, was er erreichen kann.**

Man muss oft auch mit verschiedenen Benachteiligungen oder bedrückenden Zuständen zurechtkommen, etwa Hässlichkeit, Armut, Krankheit und Schmerz. Auch hier weiß der Vernünftige, dass diese Zustände nur äußerlich sind und seine Vernunft, seine Tugend und damit sein Glück nicht betreffen.

Diese Ziele, Güter und Zustände nennen die Stoiker *adiáphora* (griech. „gleichgültige Dinge"), eben weil sie für das Daseinsglück des Menschen keine Rolle spielen. Wie bei Epikur ist das Gelingen des Lebens auch bei den Stoikern daran geknüpft, dass der Mensch in **Distanz zu sich** und allen Lebensumständen tritt.

8.2 Der Lebensvollzug des Stoikers

Nach der stoischen Auffassung gibt es entweder das vernünftige, tugendhafte Verhalten oder das böse, unvernünftige. Ein Drittes, also etwa eine gangbare Mitte aus ein bisschen gut und ein bisschen weniger gut, gibt es nicht. Ein Mensch mit nur einem einzigen schlechten Handlungsantrieb ist dann genauso schlecht wie ein durch und durch böser Mensch und lebt wie dieser in seelischem Elend.

Durch den Zustand der Apatheia hat sich im Unterschied dazu der Weise gegen Not, Schmerz, Grausamkeit, Schicksalsschläge und Todesfurcht so gewappnet, dass sie sein inneres Wesen nicht mehr berühren. Er besitzt außerdem eine interesselose Distanz zu allen Gütern und Strebenszielen, die ihn unabhängig von diesen macht.

Was der stoische Weise damit erreicht hat, ist die vollkommene Autarkie, die gelungene Selbstbehauptung, der Zustand, in dem einem wider seinen Willen nichts mehr zustoßen kann.

> Wenn du nur von dem, was in deiner Hand ist, glaubst, dass es dir gehört [...], dann wird dich niemals jemand zu etwas zwingen, niemals jemand dich behindern, du wirst niemandem etwas vorwerfen, niemals etwas unwillentlich tun, niemand wird dir schaden, denn nichts Schädliches wird dich treffen.
>
> *Epiktet: Encheiridion, Kap. 1.*

Dieser Zustand der **inneren Freiheit** ist ein wichtiger Grund, warum die Stoiker, die von ihrer Weltsicht her strenge Deterministen sind (alles ist durch das Schicksal vorherbestimmt), dem Menschen doch **Willensfreiheit und Verantwortlichkeit** zusprechen. Ein anderer Grund ist der, dass der Mensch durchaus die Wahl hat, ob er sich freiwillig der vernünftigen Notwendigkeit fügt.

8.3 Gegnerschaft zum Hedonismus

Der Hedonismus (griech. *hedoné:* Lust) ist der Auffassung, dass das Erleben von Lust das primäre Motiv allen Strebens und Verhaltens ist. Demgegenüber halten es die Stoiker für ausgeschlossen, dass jemand aus der Motivation der Lust heraus ein moralisches Leben führen und moralische Phänomene wie Gerechtigkeit, Tapferkeit, Treue und echte Freundschaft verwirklichen kann.

8.4 Kritik an der stoischen Lebenshaltung

Genau das, was die Stoiker den Hedonisten und mit ihnen den Epikureern absprechen, spricht der Kirchenvater Augustinus (354–430) den Stoikern ab. Nach ihm können auch die Stoiker keine moralisch angemessene Haltung gegenüber moralisch guten oder moralisch schlechten Handlungen einnehmen:

Und was wäre das für ein Freund, der gegen Treulosigkeit oder Treue der Freunde gleichgültig wäre? Und gegen die Übel der Stadt, die Bürgerkriege, die Ungerechtigkeiten und die Notwendigkeiten, die sich aus ihr ergeben, die Geißel der Menschheit, die Kriege, ungerechte wie gerechte? [...]

Wer sie ohne Kummer der Seele hinnimmt oder über sie nachdenkt, der ist, wenn er sich für glücklich hält, in Wirklichkeit nur umso elender, weil er sogar sein menschliches Empfinden verloren hat.

Augustinus: De Civitate Dei XIX.

Von unserem modernen Glücksverständnis her argumentiert kann der stoische Weise lediglich einen Zustand der Zufriedenheit erreichen. Da er alles als *adiáphoron* (gleichgültig) ausgrenzt, was ihm und anderen widerfährt, kann er weder Begeisterung zulassen noch das Glück der Liebe oder die Seligkeit der Gottesnähe erfahren.

Zusammenfassung: Stoà – Glück und Tugend

Der Stoà zufolge besteht Glück darin, sich mit der Natur und dem Kosmos zu identifizieren und im Einklang mit dem Prinzip der Vernunft, das ihr zugrunde liegt, zu leben. Glück ist also identisch mit dem **vernünftigen und tugendhaften Leben.** Durch die Haltung der **Apatheia** (Unempfindlichkeit gegenüber Leid und Schmerz) bleibt der Weise gegenüber allen äußeren Umständen unberührt und findet dadurch zur inneren Ruhe und Selbstbehauptung.

9 Philosophische Glückstheorien der Neuzeit (Überblick)

Im Gegensatz zu den Jahrhunderten des Mittelalters, in denen die religiöse Vorstellung von der Ewigen Glückseligkeit das Glücksdenken beherrschte, entsteht in der Neuzeit die Auffassung, dass es für alle Menschen ein **natürliches Recht auf Glück** gebe. Der britische Volkswirtschaftler und Moralphilosoph Adam Smith (1723–1790) formuliert diese Überzeugung folgendermaßen: „Die Glückseligkeit der Menschheit, so wie die aller anderen vernünftigen Wesen, scheint der vom Schöpfer der Natur beabsichtigte ursprüngliche Vorsatz gewesen zu sein, als er diese Wesen schuf."

Als in Nordamerika die erste Demokratie der Neuzeit entstand, wurde das Recht eines jeden auf das Streben nach Glück festgeschrieben. Eine Regierung, deren Politik gegen dieses Glücksstreben und gegen das Wohl der Bürger gerichtet ist, verliert ihre Legitimation, so die amerikanische Unabhängigkeitserklärung von 1776.

In diesem Zusammenhang bilden sich zwei, die neuzeitliche Glücksdiskussion prägende Traditionsstränge.

- Vor allem im Umkreis der Politik herrscht ein **empirisch-pragmatischer Begriff von Glück** vor: Glück ist ein gesellschaftlich herstellbarer Zustand der größtmöglichen Interessen- und Bedürfnisbefriedigung aller. So entstehen die großen Sozialutopien von Thomas Morus („Utopia“ 1524), Tommaso Campanella („Der Sonnenstaat“ 1602) und Francis Bacon („Nova Atlantis“ 1627) und die vor allem sozialpolitisch wirksam gewordenen Entwürfe der Utilitaristen. Mit diesen Entwürfen verbunden ist die optimistische Überzeugung, das Glück des Menschen rational berechnen zu können.
- Die Auffassung, dass das Ziel des menschlichen Lebens die Befriedigung von Interessen und Bedürfnissen *(Neigungen)* ist, wird von Immanuel Kant einerseits scharf kritisiert. Andererseits glaubt auch er, dass Gott für die Menschen, die **das Gute tun und aus Achtung vor dem Gesetz handeln,** eine entsprechende Glückseligkeit vorgesehen haben müsse, um sein Schöpfungswerk zu krönen.

10 Immanuel Kant – Sich der Teilhabe am Glück im Jenseits würdig erweisen

In der Neuzeit und auch bei Immanuel Kant (1724–1804) wird der Begriff „Glück“ so verwendet, wie wir ihn heute verstehen: als positiv gefärbte Befindlichkeit eines Einzelnen. Die Frage, ob der Mensch in diesem Leben nach Glück streben soll, betrifft den Kern von Kants Philosophie und seiner Auffassung vom Menschen.

Einerseits sieht er den Menschen als **„Bürger zweier Welten“,** als ein Wesen also, das mit seinem Körper, seinen Trieben, Gefühlen und Leidenschaften *(Neigungen)* der sinnlichen Welt (Natur) angehört, mit seiner Vernunft aber auch einer übersinnlichen Welt. Als Naturwesen unterliegt er der **„Lust-Unlust-Motivation“,** wird also in seinen Handlungen und Unterlassungen davon bestimmt, seinen persönlichen Vorteil zu suchen, sich wohl zu fühlen, Lust zu erleben und materiell bestimmte Glücksgüter zu erwerben. Eine solche

Motivation kann aber nach Kants Auffassung keine Grundlage für moralische Handlungen sein. Denn moralische Handlungen zeichnen sich dadurch aus, dass die Würde aller anderen Menschen geachtet wird und dass mit ihnen auch deren Interessen angemessen berücksichtigt werden. Dazu kommt, dass moralische Pflichten (niemanden töten, versklaven oder vergewaltigen, foltern, betrügen, entwürdigen oder belügen, kein Versprechen brechen) in einem strikten und unbedingten Sinn gelten (kategorischer Imperativ) und dass moralische Handlungen nie durch nur subjektive Erwägungen bedingt sind. Moralische Handlungen müssen so verallgemeinerungsfähig sein, dass sie zu jeder Zeit und in allen Gesellschaften und Kulturen gelten können.

Immanuel Kant

Für moralisches Handeln ist es also notwendig, dass der Mensch seine subjektive „Lust-Unlust-Motivation“ überschreitet und sich durch Handeln aus Pflicht der in ihm ebenso lebendigen **Vernunftmotivation** unterwirft. Nur so kann er in moralisch relevanten Fällen seine wohlverstandene Pflicht tun.

In den Kategorien von Gut und Böse formuliert würde das bedeuten: Eine Handlung in einer moralisch relevanten Situation ist dann gut, wenn ihre Triebfeder die **Vernunft** ist, die mir hier als Pflicht gegenübertritt. Eine Handlung ist dann böse, wenn ihre Triebfeder eine **Neigung** ist (z. B. der Wunsch, sich durch einen Betrug einen persönlichen Vorteil zu verschaffen), die aber der **Pflicht bzw. dem moralischen Gesetz** (betrüge niemanden!) widerspricht. So sagt Kant: „Das Wesentliche alles sittlichen Werts der Handlungen kommt darauf an, dass das moralische Gesetz unmittelbar den Willen bestimme“ (Kritik der praktischen Vernunft A 126) oder an anderer Stelle: „das Prinzip der eigenen Glückseligkeit“ ist in der Ethik „am meisten verwerflich“ (Grundlegung zur Metaphysik der Sitten AA IV 442). Damit ist klar, dass der Mensch sein Leben an der Vernunft ausrichten und aus Pflicht und Achtung vor dem Sittengesetz handeln soll.

Andererseits gehört zu den Überlegungen Kants zum Komplex Glück auch der Gesichtspunkt, dass der moralisch handelnde Mensch, wenn schon nicht auf Erden, dann doch in einem Jenseits von der Gerechtigkeit Gottes Glück erhoffen darf. Das Zusammenfallen von Glückseligkeit und Sittlichkeit kann sich also nur in einer jetzt noch nicht sichtbaren, aber erhofften Welt ereignen.

Diese Überlegung führt Kant dazu, die **Unsterblichkeit der Seele** und das **Dasein Gottes** zu **postulieren.** Denn nur so kann es geschehen, dass ein Mensch zu einer vollkommen sittlichen Person wird, die im Jenseits schließlich auch eine vollkommen glückliche Person ist. Um dieses höchste und vollständige Gut einmal zu erreichen, muss der Mensch in dieser Welt durch moralisches Handeln die **Würdigkeit zum Glück** erwerben.

In seiner Tugendlehre (Metaphysik der Sitten, zweiter Teil) zeigt Kant, dass es aber auch durchaus Pflicht ist, das **Glück anderer Menschen** zu befördern. Man denke etwa an die Hilfsbereitschaft, gegenüber dem Nächsten, an das uneigennützige Engagement in Freundschaft, Ehe, Familie, Kultur, Wirtschaft, Recht und Politik. Diese Tugendpflichten sind konkrete Anweisungen für soziales und humanes Handeln.

Zusammenfassung:
Immanuel Kant – Sich der Teilhabe am Glück im Jenseits würdig erweisen

Nach Kant ist das Streben nach eigener Glückseligkeit im irdischen Leben unvereinbar mit der Verpflichtung, moralisch zu handeln. Der Mensch soll sich durch **moralisches Handeln** im Diesseits **würdig erweisen** für ein Glück im Jenseits.
Die Glückseligkeit **anderer** zu befördern, ist aber auch Pflicht. Sie ist die Grundlage der **Humanität.**

11 Der Utilitarismus

11.1 Der Utilitarismus als Ethik des Empirismus

Im England des 18. Jahrhunderts wird eine philosophisch begründete Moral entwickelt, die ihre Grundlagen im **Britischen Empirismus** (Thomas Hobbes, John Locke, David Hume und Adam Smith) des 17. und 18. Jahrhunderts hat.

Der Empirismus ist eine philosophische Position, die sich mit den Grundlagen der Erkenntnis befasst und erklären will, wie Bewusstseinsinhalte entstehen und wie das Denken organisiert ist. Aus ihrer Grundannahme, dass jede Erkenntnis nur aus der unmittelbaren Erfahrung stamme, wird aber auch eine **neue Lebens- und Weltsicht** abgeleitet. Der Empirismus orientiert sich an den ungefähr zeitgleich entstehenden exakten Naturwissenschaften (Isaac Newton) und steht der philosophischen Tradition ablehnend gegenüber, die

die Vernunft zum Leitorgan des Menschen gemacht hat. Nach der Auffassung des Empirismus spielen die **Erfahrung** und das **Gefühl** die entscheidende Rolle, sowohl in der Erkenntnis als auch in der Moral.

11.2 Die hedonistische Grundlage des Utilitarismus

Die empiristische Ethik geht von der Tatsache aus, dass für das menschliche Handeln immer die Lust-Unlust-Motivation den Ausschlag gibt. Das heißt, dass der Mensch in seinem Tun und Lassen *ausschließlich* davon bestimmt wird, Lust und Freude zu erleben und Schmerz und Leid zu vermeiden. Wir nennen eine solche ethische Position „hedonistisch" (s. o. Eudaimonia). Die empiristische Ethik ist zugleich **hedonistisch** und **deterministisch,** weil sie mit ihrer materialistischen Auffassung vom Menschen den Standpunkt Kants ablehnt, dass die (praktische) Vernunft unabhängig *(autonom)* ist und dass es Willensfreiheit und Handeln aus Selbstbestimmung gibt. Innerhalb dieser Lust-Unlust-Motivation nehmen die Empiriker ein eigenes **moralisches Gefühl** an, eine Art **Sympathietrieb,** der sich im Wohlwollen gegenüber den anderen Menschen zeigt. Die Vernunft wird zwar nicht geleugnet, sondern ähnlich wie bei Epikur der Lust-Unlust-Motivation untergeordnet: Sie hat die Aufgabe, Mittel und Wege zu finden, um das von der Triebstruktur vorgegebene Ziel zu erreichen. Auf dem Boden dieser empiristischen Ethik entwickelt sich der Utilitarismus.

Der Utilitarismus beruht auf **vier Prinzipien:** Diejenige Handlung ist moralisch richtig,

deren Folgen	→	Konsequenzenprinzip (vgl. 1)
für das Wohlergehen	→	hedonistisches Prinzip (vgl. 3)
der meisten Betroffenen	→	Sozialprinzip (vgl. 4)
optimal sind	→	Utilitätsprinzip (vgl. 2).

1. Das Konsequenzenprinzip

Die moralische Richtigkeit der Handlungen wird von den **Folgen** her beurteilt; dass die Ermittlung der Handlungsfolgen nur von den empirischen Wissenschaften erwartet werden kann, entspricht der Herkunft dieser Moral aus dem Empirismus.

2. Das Utilitätsprinzip
Maßstab für die Beurteilung der Folgen ist der **Nutzen,** den die Handlung für die Betroffenen hat.

3. Das hedonistische Prinzip
Der Nutzen bemisst sich am Zuwachs an Lust und Freude (= Glück).
Als höchster Wert gilt das **Glück,** d. h. die Erfüllung der menschlichen Bedürfnisse und Interessen. Dabei bleibt es den Einzelnen überlassen, worin sie ihr Glück sehen.

4. Das Sozialprinzip
Es geht nicht nur um das Glück des Handelnden selbst, sondern um das aller von der Handlung Betroffenen, ja letztlich um das Glück der ganzen Menschheit, und: Keiner soll privilegiert sein.

11.3 Jeremy Bentham – Der quantitative Utilitarismus

Die erste systematische Darstellung des Utilitarismus stammt von Jeremy Bentham (1748–1832), einem englischen Juristen, Philosophen und Sozialreformer. Ursprünglich war Benthams utilitaristischer Entwurf „Eine Einführung in die Prinzipien der Moral und der Gesetzgebung" (1789) als Einleitung zu einem großen rechtsphilosophischen Werk gedacht, das in zehn Teilen die Prinzipien aller Zweige der Gesetzgebung, des Finanzwesens und der Wirtschaft sowie den Plan zu einem vollständigen Gesetzbuch enthalten sollte. Im Laufe der Abfassung entwickelte sich die Einleitung zu einer eigenen umfangreichen Schrift. Bentham war wohl zu überzeugt von der Wahrheit und Überzeugungskraft des Utilitarismus und dessen Brauchbarkeit als politisches Instrument, als dass er ihn sorgfältig genug entfaltet und ihn gegen andere philosophisch-ethische Modelle, z. B. Kants, genauer abgewogen und abgesichert hätte. Aufgrund dieser Flüchtigkeit Benthams wurde der Utilitarismus in späteren Jahrhunderten mehrmals revidiert.

Jeremy Bentham

Jeremy Benthams Konzeption des Utilitarismus

Die Ausrichtung Benthams an der empiristischen Ethik, also seine hedonistische und deterministische Grundlage, wird gleich in den ersten Sätzen der „Einführung in die Prinzipien der Moral und der Gesetzgebung" deutlich:

> Die Natur hat die Menschheit unter die Herrschaft zweier souveräner Gebieter – Leid und Freude – gestellt. Es ist an ihnen allein aufzuzeigen, was wir tun sollen, wie auch zu bestimmen, was wir tun werden. […] Sie beherrschen uns in allem, was wir tun, was wir sagen, was wir denken: […] Jemand mag zwar mit Worten vorgeben, ihre Herrschaft zu leugnen, aber in Wahrheit wird er ihnen ständig unterworfen bleiben.
>
> *Jeremy Bentham: Einführung in die Prinzipien der Moral und Gesetzgebung, S. 55.*

Die Verwirklichung des utilitaristischen Sozialprinzips

Im spätfeudalen England des 18. Jahrhunderts sind durch die Industrielle Revolution und die Wirtschaftsform des Kapitalismus vor allem die Lohnarbeiter verelendet. Ihnen will Bentham helfen und unternimmt es, das „Gebäude der Glückseligkeit durch Vernunft und Recht zu errichten." So entwirft er auf der Basis des Utilitarismus eine Art moralisch grundgelegter Sozialcharta, die das Handeln des Staates in den Bereichen Verwaltung, Gesetzgebung und Strafsystem neu regeln und auf **das größte Glück der größten Zahl** verpflichten soll.

Das Ziel, jeden ohne Rücksicht auf seinen gesellschaftlichen Stand zu berücksichtigen und niemanden zu privilegieren, ist in dieser Zeit geradezu revolutionär: „Everybody to count for one, and nobody to count for more than one" (Jeder zählt als einer und niemand zählt für mehr als einen). Bentham und seine politischen Anhänger, die „Philosophical Radicals", haben eine Reihe von bemerkenswerten sozialen und politischen Reformen mit veranlasst.

Jeremy Benthams quantitativer Hedonismus

Um die Frage beantworten zu können, welche Handlung anderen vorzuziehen ist, braucht man eine Methode, um den gesellschaftlichen Glückswert einer Handlung bestimmen zu können. Bentham glaubte, sie in seinem **hedonistischen Kalkül** (vgl. auch Epikur) gefunden zu haben: Die jeweils beabsichtigte Handlung wird von jedem einzelnen Betroffenen positiv oder negativ bewertet nach ihrer **Intensität, Dauer, Gewissheit** oder **Ungewissheit,** ihrer **Nähe** oder **Ferne,** ihrer **Reinheit** und **Folgenträchtigkeit** (also den Freuden oder Leiden, die im Gefolge der Handlung zu erwarten sind). Mithilfe von Addition und Subtraktion zieht jeder für sich seine individuelle, positiv oder negativ ausfallende Glücksbilanz: Als gesellschaftlicher Nutzen gilt die arithmetisch ermittelte Summe des Wohlbefindens aller Betroffenen. Dieses rein quantitative, rein rechnerische Vorgehen (lediglich Intensität, Dauer und die anderen Kriterien werden gemessen) hielt Bentham für eine praktikable und legitime Methode zur exakten Bestimmung der nötigen politischen und sozialen Reformen. Deswegen bezeichnet man Benthams Konzeption des Utilitarismus als **quantitativen Hedonismus.**

Bentham übersieht bei seiner naiven Kalkulation jedoch, dass sich Lust und Schmerz verschiedener Personen oder Lebewesen nicht einfach miteinander verrechnen lassen. Als modernes **Beispiel** lässt sich der Bau einer Stadtautobahn untersuchen: Wie kann man die gesundheitlichen Belastungen für die Anwohner, die Schädigung denkmalgeschützter Architektur und die wachsende Unfallgefahr durch die erhöhte Verkehrsdichte verrechnen mit den finanziellen Vorteilen etwa für den LKW-Verkehr und mit der erhöhten Bequemlichkeit eines einzelnen Autofahrers, der eine halbe Stunde länger schlafen kann, weil er die neue Schnellstraße benutzt? Es gibt ja keine einheitliche Maßeinheit für Schmerz und Freude; einspringen kann allenfalls die Verrechnung in Geldeswert, aber diese kann wiederum ideelle oder auch die langfristigen Interessen, wie Gesundheit und Lebensqualität, nicht angemessen berücksichtigen.

Der Gedanke, dass die Verfolgung der eigenen Interessen das Glück aller anderen mit garantiert, entsteht zur gleichen Zeit auch im Bereich der **Marktwirtschaft.** Die „unsichtbare Hand" – Adam Smiths Metapher für die Selbstregulierung des Marktes –, die der Volkswirtschaftler im Marktgeschehen am Werk sieht und die die eigennützige Arbeit des Händlers und Unternehmers und damit auch das Wohl aller fördert, mag in diesem engen Bereich, wo alles mit der Maßeinheit Geld und Geldeswert verrechnet wird, ihre eingeschränkte Berechtigung haben. Aber im politisch-sozialen Bereich, wo es nicht nur um den gerechten Ausgleich zwischen Händler und Kunde geht, sondern um die gerechte Lösung von Problemen und das Glück einer Nation, bleibt der Widerspruch zwischen eigennütziger und altruistischer Handlungsmotivation ein wunder Punkt.

Diese Schwächen des Kalküls bei der konkreten Umsetzung, sein Prinzip der Gleichheit aller, aber vor allem die Tatsache, dass bei Bentham die Erfüllung der sinnlichen Grundbedürfnisse (Essen, Trinken, Ausspannen, Sexualität, Rauschgenüsse) im Mittelpunkt stehen, rufen heftige Kritik hervor. Thomas Carlyle spricht 1850 sogar von der „pig philosophy".

11.4 John S. Mill – Der qualitative Utilitarismus

Der englische Philosoph und Wirtschaftswissenschaftler John Stuart Mill (1806–1873) gilt als Systematiker des radikalen Liberalismus. Er leitete von 1856 bis 1858 das Indian Office und war von 1865 bis 1868 Mitglied des britischen Parlaments.

Mills folgenreichste Schrift „Utilitarianism“ erschien 1863, mehr als zwei Generationen nach Bentham. In diesem Essay greift Mill eine Fülle von Argumenten auf, die in der Zwischenzeit gegen den Utilitarismus vorgebracht worden sind. Mill sucht die Gegenargumente im Einzelnen zu entkräften, um auf diese Weise die ursprüngliche Bedeutung des Utilitarismus wieder herzustellen und ihn als eine ernst zu nehmende Theorie zu verteidigen. Besonders ausführlich setzt er sich mit der Kritik seines Freundes Thomas Carlyle („pig philosophy“) auseinander und die Antwort auf diese Kritik wird dann auch der entscheidende Aspekt, in dem sich der Mill'sche Utilitarismus von dem Benthams unterscheidet. Mill gibt gegen den quantitativen Hedonismus Benthams zu bedenken, dass menschliche Bedürfnisse auch qualitativ unterschieden werden müssen, und entwirft den so genannten **qualitativen Hedonismus,** der der Vielfalt und Differenziertheit menschlichen Fühlens und Wollens gerecht zu werden sucht.

John Stuart Mill

Neben dem sinnlichen Lusterleben durch Essen, Trinken, Sexualität und Rausch gibt es die Freude aus den mitmenschlichen (sozial, moralisch), schöpferischen (bildende Kunst, Musik, Literatur) und geistigen (Wissenschaft) Tätigkeiten, die höherwertig sind als der rein körperliche Genuss, der sich bei jedermann ohne Erziehung, Selbstdisziplin und besondere Anstrengung einstellt. Schließlich werden sie ja auch als dauerhafter, verlässlicher und wertvoller eingeschätzt (vgl. auch S. 17 f.: Das Problem der Antike mit der Lust). Mill argumentiert in seiner Schrift aber nicht mit den herkömmlichen Vorstellungen, sondern führt einen kompetenten Richter ein, der beide Arten der Lust kennt und dann der geistigen Lust den weitaus größeren Vorrang gibt.

Der Unterschied zwischen der menschlichen und der tierischen Natur

Mill geht zunächst von der Überlegung aus, dass menschliche Lust von tierischer Lust prinzipiell unterschieden werden muss. Weil der Mensch sich seiner selbst bewusst ist und weil seine Genüsse im Kontext mit den höheren Freuden erlebt werden, ist auch sein Lusterleben auf einer grundsätzlich höheren Ebene anzusiedeln als das des Tieres. Jeder Mensch würde aufgrund dieser existenziellen Differenz immer derjenigen Lebensweise den Vorzug geben, an der auch seine höheren Fähigkeiten beteiligt sind. Nur Menschen ohne jede Würde ließen sich in ein Schwein verwandeln, wenn man ihnen verspräche, die Befriedigung des Schweines in vollem Umfang auskosten zu können.

Konsequenzen für den Glücksbegriff

Die entscheidende Änderung, die Mill vornimmt, betrifft den **Glücksbegriff.** Glück wird nicht mehr nur als sinnliche Lust verstanden, sondern ergänzt durch die **Freude an geistiger Betätigung und an geistigen Gütern.** Dabei ist diese geistige Lust weit wertvoller als die sinnliche Lust, und zwar nicht, weil die herkömmlichen Argumente für sie sprechen, sondern weil ein kompetenter Gutachter, der beide Freuden kennt, diese Entscheidung träfe.

Beim hedonistischen Kalkül überwiegen die geistigen Freuden aber in einem solchen Maße, dass sogar der Schmerz oder die Unlust aus dem geistig-seelischen Bereich noch der rein körperlichen Lust vorzuziehen sind.

Es ist besser, ein unzufriedener Mensch zu sein als ein zufrieden gestelltes Schwein; besser ein unzufriedener Sokrates als ein zufriedener Narr. Und wenn der Narr oder das Schwein anderer Ansicht sind, dann deshalb, weil sie nur die eine Seite der Angelegenheit kennen. Die andere Partei [also der kompetente Gutachter] kennt beide Seiten.

John S. Mill: Utilitarianism, S. 89.

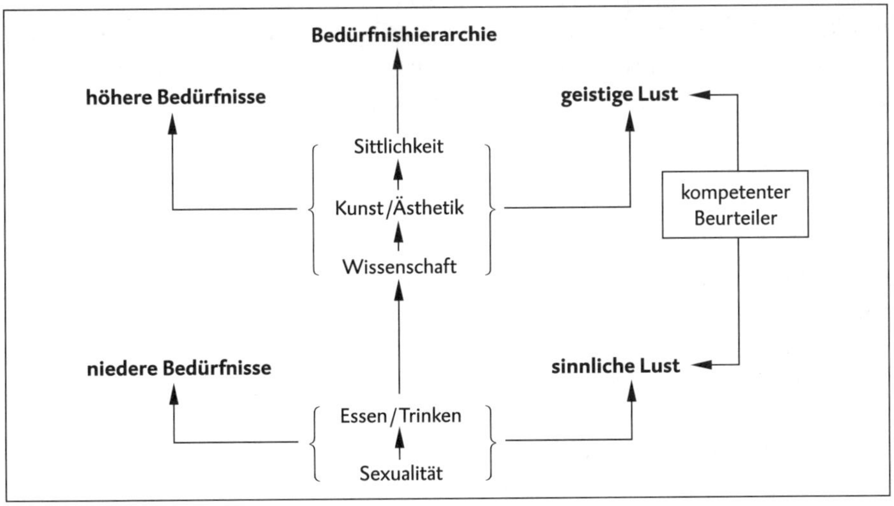

Mill wollte hauptsächlich Benthams Reduzierung des menschlichen Lebens auf körperliche Vollzüge korrigieren und darauf hinwirken, dass jeder Mensch durch geistig-kulturelle Betätigung nicht seine Interessen, sondern die der anderen in den Mittelpunkt stellt.

11.5 Der Regelutilitarismus

Auch im 20. Jahrhundert ging die Revision des Utilitarismus weiter. Richard B. Brandt (geb. 1910) entwickelte die Unterscheidung zwischen **Handlungs-** und **Regelutilitarismus,** um einer weiteren Schwierigkeit der utilitaristischen Konzeption zu begegnen.

Der Handlungsutilitarismus

Der Begriff „Handlungsutilitarismus" umschreibt den ursprünglichen Utilitarismus des 18. und 19. Jahrhunderts: Diejenige Handlung ist moralisch richtig und geboten, deren Folgen für das Wohlergehen der meisten Betroffenen optimal sind.

In jeder neuen Situation müssen die besten Folgen von neuem abgeschätzt und es muss das hedonistische Kalkül durchgeführt werden. Diese Vorgehensweise ist sehr zeitaufwändig und in Notsituationen, in denen es auf schnelles Handeln ankommt, sogar unmöglich. Deswegen ist es bereits hier angebracht zu fragen, ob man sich nicht lieber an Faustregeln orientieren sollte, um praxisgerecht handeln zu können.

In der Diskussion hat sich aber auch gezeigt, dass eine radikale Anwendung des klassischen Utilitarismus (Handlungsutilitarismus) zu Ergebnissen führt, die mit unseren gesellschaftlichen Moralgrundsätzen nicht vereinbar sind und auch dem Geist des Utilitarismus widersprechen.

Fallbeispiel: Die Behörden haben wegen einer Energiekrise verboten, Wohnungen zusätzlich mit elektrischen Heizkörpern zu beheizen, um den Zusammenbruch der Stromversorgung zu verhüten. Da aber unsere reguläre Heizung die Wohnung nur auf 15 ° C erwärmen kann und meine Familie und ich (vier Personen insgesamt) sehr unter der Kälte leiden, möchten wir uns durch das Anschalten eines elektrischen Heizlüfters doch gerne die für uns angenehmere Temperatur von 21 ° C verschaffen.

Nach der handlungsutilitaristischen Theorie wäre der Familienvater nicht nur berechtigt, sondern auch verpflichtet, das Verbot der Behörden zu umgehen, weil das erstrebte Ziel, die Stromversorgung aufrechtzuerhalten, trotz des individuellen Ziels, nicht mehr zu frieren, erreicht würde. Schließlich würde eine einzige zusätzliche elektrische Heizung die allgemeine Versorgung sicher nicht zusammenbrechen lassen. Trotzdem wird kaum jemand eine solche Verhaltensweise als moralisch vertretbar ansehen. So geht nach der Meinung vieler Kritiker eine utilitaristische Auffassung in die Irre, wenn sie nicht allgemein akzeptierte moralische **Regeln** (wie hier das Prinzip der Fairness) in sich aufnimmt.

Der ideale Regelutilitarismus

Der ideale Regelutilitarismus bezieht auch die Überlegung mit ein, **was denn wäre, wenn alle so handelten.** Und dann wird klar, dass die Stromversorgung sehr wohl zusammenbrechen und das allgemeine Wohl dadurch Schaden leiden müsste. Zusätzlich wird gegen den Handlungsutilitarismus vorgebracht, dass es schließlich **moralische Verpflichtungen** gibt, z. B. Versprechen zu halten, Schulden zurückzuzahlen, die **immer gültig** sind, und nicht nur dann, wenn sie dem allgemeinen Wohl dienen.

Ein **Beispiel** für einen solchen Moralkodex könnte lauten:

1. Du sollst nicht töten.
2. Du sollst keine Schmerzen verursachen.
3. Du sollst nicht unfähig machen.
4. Du sollst nicht Freiheit oder Chancen entziehen.
5. Du sollst nicht Lust entziehen.
6. Du sollst nicht täuschen.
7. Du sollst deine Versprechen halten.
8. Du sollst nicht betrügen.
9. Du sollst dem Gesetz gehorchen.
10. Du sollst deine Pflicht tun (d. h. deinen Verpflichtungen nachkommen, meint also nicht den Kant'schen Pflichtbegriff).

Der **Grundsatz des idealen Regelutilitarismus,** in dem diese Vorstellungen alle verwirklicht sind, lautet damit: Diejenige Handlung ist moralisch richtig und geboten, deren Folgen für das Wohlergehen der meisten Betroffenen optimal sind und die allgemeinen moralischen und rechtlichen Regeln nicht widerspricht.

Das Gerechtigkeitsprinzip

Im idealen Regelutilitarismus hat sich der Utilitarismus der Kant'schen Pflichtethik so stark wie nur möglich angenähert.

In dieser Form enthält der Utilitarismus auch ein Gerechtigkeitsprinzip. Man kann zu den faktisch gültigen Rechts- und Moralregeln die **Achtung der Menschenwürde** und der **Menschenrechte** explizit hinzunehmen, obwohl sie implizit darin schon enthalten sind.

Ohne die regelutilitaristische Variante bietet der Utilitarismus keine Handhabe, mit der man den **Schutz von Minderheiten** oder die **Wahrung von Menschenrechten** sonst begründen könnte. So hat man etwa im Dritten Reich mit dem Grundsatz „Recht ist, was dem Volke nützt" die Vernichtung von Minderheiten ohne weiteres gerechtfertigt.

Zusammenfassung: Der Utilitarismus

Nach dem **quantitativen Utilitarismus** Jeremy Benthams ist diejenige Handlung moralisch geboten, deren Folgen für die Mehrzahl der Betroffenen einen Zuwachs an Glück bringen. Dabei kann der gesellschaftliche Glückswert einer Handlung mit dem **hedonistischen Kalkül** nach den Kriterien etwa der Dauer, Intensität, Gewissheit und ihrer möglichen negativen Folgen genau berechnet werden.
Benthams Glücksvorstellung orientiert sich an der Befriedigung der sinnlichen Grundbedürfnisse: Essen, Trinken, Ausspannen, sexuelle Befriedigung und Rauschgenüsse.
Im Gegensatz dazu räumt der **qualitative Hedonismus** John Stuart Mills der geistig-seelischen Betätigung und den **geistig-seelischen Gütern** einen die körperliche Lust weit überwiegenden Wert ein. Im hedonistischen Kalkül ist also sogar der geistig-seelische Schmerz wertvoller als die körperliche Lust.
Richard B. Brandt unterschied im 20. Jahrhundert zwischen Handlungs- und Regelutilitarismus:
Der **Handlungsutilitarismus** entspricht dem Utilitarismus des 18. und 19. Jahrhunderts (Bentham und Mill).
Der **Regelutilitarismus** berücksichtigt über das „Wohlergehen aller" hinaus auch bestehende **rechtliche und moralische Regeln:** Diejenige Handlung ist moralisch richtig und geboten, deren Folgen für das Wohlergehen der meisten Betroffenen optimal sind, *und* die allgemeinen moralischen und rechtlichen Regeln nicht widerspricht.

Glücksvorstellungen in der politischen Philosophie: Utopien

Utopien werden üblicherweise von der politischen Wissenschaft untersucht, um ihre staatlichen Strukturmodelle herauszuarbeiten. Man könnte vereinfacht sagen, das Interesse der politischen Wissenschaft liege darin zu begreifen, *wie* ein utopisches gesellschaftlich-politisches *System funktioniert.* Beschäftigt man sich dagegen mit den Utopien unter dem Gesichtspunkt des Glücks, so darum, um zu begreifen, *auf welche Weise* jeweils das *Ziel,* die Stiftung von Glück, erreicht werden soll.

1 Der Begriff „Utopie“ und seine geschichtliche Entwicklung

Thomas Morus (1478–1535) nennt die Insel, auf der er seine ideale Gesellschaft lokalisiert, „Utopia“. Er bildet diesen Namen aus griechischen Wörtern: Das „u“ soll nach Morus' Absicht auf zwei Bedeutungen zurückverweisen: *ou:* nirgend und *eu:* schön; dazu kommt *topos:* Ort. Die Insel heißt also **„Nirgendort“** – sie liegt im „Nirgendwo“ –, aber auch „Schönort“.

Dieser Name im Buchtitel wird zum Gattungsbegriff und auch für Texte verwendet, die schon vor dem 16. Jahrhundert geschrieben wurden.

Utopischer Entwurf zum Grabmal von Isaak Newton; Etienne-Louis Boullée, ca. 1785.
Siehe dazu S. 44.

1.1 Die traditionelle, positive Utopie

Der jeweilige Autor beschreibt eine **soziale Ordnung,** die gerade dadurch, dass sie

- **Ordnung** ist,
- **für alle** gilt,
- von allen **freiwillig akzeptiert und gelebt** wird oder
- von einer **weisen obersten Instanz** zum Wohle aller **durchgesetzt** wird,
- **Gerechtigkeit im Sinne von Gleichheit** verwirklicht,
- dadurch **inneren Frieden** und **Zufriedenheit** garantiert,

als „Endprodukt" ihrer selbst ein **gleiches Glück** für alle Mitglieder dieser sozialen Ordnung herbeiführt.

Diese soziale Ordnung, die bis zum Zustand „Staat" ausgebaut, durchorganisiert und verfestigt sein kann, bezieht **allein** aus ihrem Ziel bzw. ihrem Zweck – Glück für alle zu gewährleisten – ihre **Legitimation.** Sie begründet mit diesem Ziel bzw. Zweck aber auch ihren **Durchsetzungsanspruch** gegenüber dem einzelnen Mitglied.

Beispiele positiver Utopien

Platon	• „Politeia" (Der Staat) • Atlantis in „Kritias" • „Nomoi" (Die Gesetze)	4. Jh. v. Chr.	philosophisch-theoretische Dialoge
Thomas Morus (More)	„Utopia"	1516	philosophisch-theoretische Dialoge
Tommaso Campanella	„Civitas Solis" (Sonnenstaat)	1602/23	philosophisch-theoretische Dialoge
Johann Valentin Andreä	„Nova Christianopolis"	1619	philosophisch-theoretische Abhandlung
Francis Bacon	„Nova Atlantis"	1627	philosophisch-theoretische Abhandlung
Louis Sébastien Mercier	„L' An 2440" (Das Jahr 2440)	1770/71	fiktive Erzählung
Robert Owen	„The Book of the New Moral World"	1836	theoretische Abhandlung
Karl Marx	Geschichtstheorie		Philosophie
William Morris	„News from Nowhere"	1890	Roman
Oskar Maria Graf	„Die Erben des Untergangs": Aufbau einer neuen Welt nach dem 3. Weltkrieg (Atomkrieg) auf der Grundlage von Humanität und Nächstenliebe	1946	Roman

1.2 Die moderne, negative Utopie[2]

Der jeweilige Autor beschreibt eine **soziale Ordnung,** die gerade dadurch, dass sie
- **totalitäre Ordnung** ist,
- **für alle** gilt,
- von den ideologisch Verblendeten **freiwillig akzeptiert und gelebt** wird und
- allen anderen gegenüber von einer Ideologie-Macht-Clique **gewaltsam durchgesetzt** wird,
- **Ungerechtigkeit** und **Inhumanität** im Sinne von Entpersönlichung verwirklicht,
- dadurch völligen Gehorsam gegenüber den Autoritäten, **Selbstaufgabe des eigenen Ich,** Angst, Misstrauen, Denunziantentum einerseits,
  eine Existenz in Widerstand und Untergrund, **verzweifelte Selbstbehauptung des eigenen Ich,** Angst, Misstrauen, aber auch Solidarität mit Gleichgesinnten andererseits bewirkt,

als „Endprodukt" ihrer selbst entweder ein subjektiv erlebtes **„gleiches Glück" der Ideologie-Gläubigen** oder **gleiches Unglück für alle nicht-ideologiekonformen** Mitglieder dieser sozialen Ordnung herbeiführt.

Diese soziale Ordnung, die bis zum Zustand „Staat" ausgebaut, durchorganisiert und verfestigt sein kann, bezieht **allein** aus ihrem ideologisch behaupteten (in der Realität aber ins Gegenteil verkehrten) Ziel bzw. Zweck – Glück für alle zu gewährleisten – ihre **Legitimation.** Sie begründet mit diesem Ziel bzw. Zweck aber gerade auch ihren **totalitären Herrschafts- und Durchsetzungsanspruch** gegenüber dem einzelnen Mitglied.
Der für ideologisches Denken typische Anspruch, den **einzigen wahren** Weg zum Glück für alle zu kennen, „berechtigt" dann im Extremfall auch dazu, jeden zu **verfolgen** und ggf. zu **vernichten,** der glaubt, dieser einzigen Wahrheit eine Alternative entgegensetzen zu können, und sich damit als Feind der Wahrheit, als „Ketzer" zu erkennen gibt.

Beispiele negativer Utopien

Herbert George Wells	„The First Men in the Moon": totalitärer Insektenstaat der Seleniten im Mondinneren	1901	Roman
Jewgenij Samjatin	„My" (Wir): totalitäre Staatsmaschine; Abweichlern werden Seele / Fantasie wegoperiert	1920/52	Roman
Aldous Huxley	„Brave New World"	1932	Roman
George Orwell	„1984"	1949	Roman
Ray Bradbury	„Fahrenheit 451": totalitärer Staat; Überwachung und Manipulation via Medien; Bücherzerstörung, um alternative Gedanken und historische Wahrheit zu vernichten	1953	Roman

2 Gelegentlich auch *Dystopie* genannt; griech. *dys:* gegen, negativ.

1.3 Der „Bruch“ vom Mittelalter zur Neuzeit

Die ideale Gesellschaft der Utopien seit dem 16. Jahrhundert wird allein mit menschlichen Mitteln erreicht; alles Böse und alle Laster sind ausgetilgt, nachdem „the best status of a commonwealth“ (der beste Zustand des Gemeinwesens) von den Menschen selbst eingerichtet worden ist. Die neuzeitlichen Utopien verzichten sowohl auf das Eingreifen der göttlichen Vorsehung wie auf die alte Vorstellung vom paradiesischen Überfluss aller Naturgüter, der den Menschen von aller Arbeit entbindet (Vergils „Goldenes Zeitalter“ oder das „Schlaraffenland“). Und im Unterschied zum transzendenten „Neuen Jerusalem“ der Theologie muss der Mensch nicht erst sterben, um des endgültigen Glücks teilhaftig zu werden. Das jeweilige Utopia ist zwar anders und getrennt von der uns geläufigen Welt, aber es ist **im irdischen Hier und Jetzt** verankert, an genau dem festgelegten Ort, den die Erfindungskraft des Autors bestimmt hat.

1.4 Grundüberzeugungen, die sich in den einzelnen utopischen Entwürfen im Laufe der Entwicklung niedergeschlagen haben

Mitmenschlichkeit

Mitmenschlichkeit, **„humanitas“**, ist die fundamentale Tugend, auf der die ideale Gesellschaft aufgebaut sein muss.

> Man müsse es im Namen der Humanität als jeden Lobes würdig erachten, dass ein Mensch Sorge trage für Wohlergehen und Behagen eines Mitmenschen; wenn es denn besonders human ist (und Humanität ist ja die Tugend, die dem Menschen im Besonderen eignet), das Unglück anderer zu beenden und ihnen Lebensfreude, also Vergnügen wiederzugeben.
>
> *Thomas Morus: Utopia, S. 153.*

Humanitas ist damit zum einen die individuelle Verantwortungshaltung allen anderen gegenüber; sie ist aber andererseits auch der Maßstab für die implizite Kritik, die der utopische Gesellschaftsentwurf gegen die jeweils herrschenden Verhältnisse erhebt, sowie gegen die für diese Verhältnisse Verantwortlichen.

Die Fähigkeit zur Vervollkommnung

Diese Kritik wäre jedoch sinnlos, wäre der **Mensch** nicht grundsätzlich **zur Vervollkommnung fähig.** Der kompromisslose Glaube an diese Fähigkeit des Menschen, selbst eine Glück stiftende Gesellschaftsordnung hervorzubringen, trägt alle Utopien – er bildet das Energiereservoir, das die utopischen Entwürfe nicht unverbindliches Gedankenspiel sein lässt, sondern starke Appelle zur praktischen Veränderung der Welt.

Die Endgültigkeit der Zeit

Auch die Vorstellung, dass die **Zeit einem Ende zustrebt,** an dem eine neue und end-gültige Welt, ein neuer und end-gültiger Mensch erscheinen werden, hat das utopische Denken der Neuzeit beeinflusst. Darin ist das Erbe der prophetischen Traditionen des Alten und Neuen Testaments erhalten geblieben. Die utopischen Entwürfe verstehen sich als Beschreibungen dieser neuen, endgültigen Welt.

Die Annahme einer „anderen" Zeit statt eines „anderen" Orts

Im 18. Jahrhundert setzte sich die **erste Neuakzentuierung** durch. An die Stelle des „anderen" Ortes, an dem die Entdeckungsreisenden der frühen Neuzeit die ideale Gesellschaft im Raum der Welt finden, tritt nun die **„andere" Zeit** als die Bühne, auf der das Neue und Unerhörte in Szene gesetzt wird: Die Zeitreise wird die bevorzugte Form des utopischen Entwurfs und dieser selbst wird damit zur Voraussage: zuerst bei Louis S. Mercier.

Im 19. Jahrhundert folgt die zweite Neuakzentuierung. Die **Vorwegnahme des Kommenden** ist nicht mit der Prophezeiung alter Art zu verwechseln. Denn jetzt steht (z. B. bei Condorcet oder Marx) das Verständnis von Geschichte als eines naturgesetzhaft ablaufenden Prozesses hinter den utopischen Entwürfen: Sie stellen die **Vollendungsstufen einer Entwicklung** dar, die **logischer Kausalität unterworfen** ist. Die Utopie, so lautet jetzt die Überzeugung, erwartet uns als letzter Zielpunkt der Geschichte, deren Ablauf von Notwendigkeit gelenkt ist – insofern ist die Utopie, d. h. der in ihr vorweggenom-

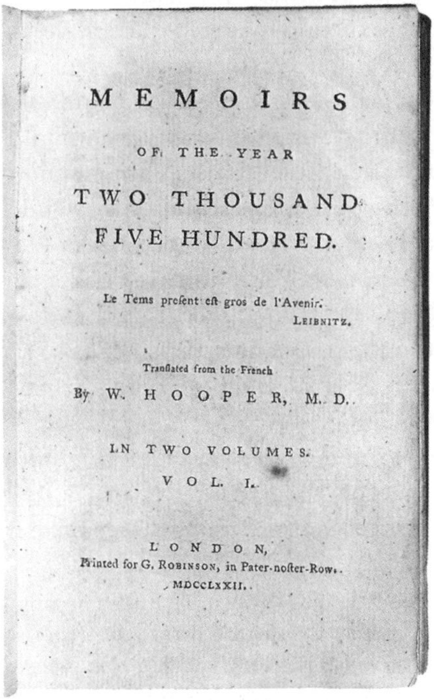

Titelblatt der ersten englischen Ausgabe von Louis S. Merciers Erzählung „2440". Der Übersetzer W. Hooper änderte den Titel von „2440" in „2500" – er gab allerdings keinen Grund dafür an.

mene glückliche Endzustand der Gesellschaft und der Geschichte, der Kernbestandteil des „Fortschritts"-Mythos, solange dieser seine sinnstiftende Kraft behält.

Die Ermöglichung von Harmonie durch Ordnung

Dass der Mensch nur in einer harmonischen Welt, in der alle Einzel-„Teile" im Einklang miteinander stehen, glücklich sein kann, gehört zu den ältesten Vorstellungen unseres westlichen Kulturkreises. In allen Modellen einer besseren, das Glück der Menschen endgültig ermöglichenden Gesellschaft spielt daher der traditionelle archaische Gegensatz von negativ bewertetem **Chaos** (Unordnung) und positiv bewertetem **Kosmos** (Ordnung) eine wichtige Rolle: Der kritisierte Gesellschaftszustand, dem die Utopie gegenübergestellt wird, ist immer in Un-Ordnung geraten – gerade das macht die Notwendigkeit der Utopie aus. Der utopische Entwurf zeigt dagegen, wie die rettende Ordnung aussehen muss.

Sie ist in jedem Fall überindividuell. Entweder ist sie ursprüngliche göttliche Satzung (wie sie Poseidon der Insel-polis Atlantis gegeben hatte) oder sie wurde von einem menschlichen Ur-Gründer gestiftet („Utopus" in Morus' Utopia). Sie ist von Anfang an und sie ist – weil vollkommen – unveränderbar.

Ihre Harmonie ist aber nicht nur eine Harmonie im Bereich der Werte: der richtigen Gesellschaftsordnung und des darin eingebundenen guten menschlichen Verhaltens. Sondern sie wird auch sichtbar und damit vom Menschen mit seinen Sinnen erfahrbar: Der **Plan** der utopischen Stadt als Ort der gesellschaftlichen Harmonie ist mathematisch-geometrisch perfekt und damit harmonisch. In allen Einzelaspekten folgt er den vollkommenen Grundeinheiten von Kreis, Quadrat und Rechteck, Kugel und Kubus, und vor allem der Symmetrie als oberstem Ordnungsprinzip der Dinge in Fläche und Raum. So wird die „äußere" Harmonie der Gestalt der Stadt zum Abbild der inneren strukturellen und wertegeleiteten Harmonie ihrer Gesellschaftsordnung.

Bevor einige Utopien im Einzelnen vorgestellt werden, ist für unsere heutige Wahrnehmung dieser Texte Folgendes herauszustellen:

> Jede Utopie – ob positiv oder negativ – ist ein **Produkt ihrer Entstehungszeit** und der **Erfahrung ihres Autors.** Er antwortet mit seinem Text auf die Probleme, so wie er sie sieht, und gibt eine subjektive Analyse bzw. eine subjektive Lösung aus dem Reservoir der Denkmöglichkeiten seiner Zeit.
> Dies im Auge zu behalten, ist gerade bei den positiven Utopie-Entwürfen notwendig, die gern den Eindruck erwecken, als seien sie der Weisheit letzter Schluss und entdeckten dem Leser die endgültige Wahrheit.

Zusammenfassung: Der Begriff „Utopie" und seine geschichtliche Entwicklung

Die Utopie-Texte machen im Laufe der abendländischen Kulturgeschichte einen Wandel in mehrfacher Hinsicht durch:

- von der philosophisch-theoretischen Erörterung zum **fiktionalen Roman;**
- von der Beschreibung des idealen Zustands an einem anderen Ort zu der in einer **anderen, kommenden Zeit;**
- von der werbenden Darstellung eines optimalen Gesellschaftszustands zur **warnenden Darstellung** vor einem Menschen verachtenden totalitären Zwangssystem.

2 Platon: „Politeia"

2.1 Das politisch-gesellschaftliche Umfeld

Die etwa sechzig Jahre von Platons Leben (um 427 – um 347 v. Chr.) waren erfüllt von politischen Wirren in Athen nach der Blütezeit der Polis unter Perikles (um 500–429). Platon plante zuerst eine politische Berufslaufbahn, zog sich aber nach dem Prozess gegen Sokrates und angesichts des von ihm so erlebten allgemeinen „großen Durcheinanders" in der realen Politik zurück und setzte sich theoretisch mit politischen Fragen auseinander. Seine späteren Versuche, in Syrakus politisch konkret tätig zu werden, scheiterten zweimal.

Platon

2.2 Ungerechtigkeit als Grundproblem

Weil in den Staaten nicht die Einsichtigsten und Gerechtesten herrschen, leiden sie alle unter – modern ausgedrückt – systembedingter Ungerechtigkeit: Im militärdominierten Staat (z. B. Sparta) geben die Ehrgeizigen und Kampflustigen den Ton an; in den Oligarchien (griech. *oligoi:* wenige) nützen die Reichen – vom Erwerbstrieb beherrscht – jede Möglichkeit aus, die ihnen die politische Macht bietet, um ihren egoistischen materiellen Nutzen zu befriedigen; in der Demokratie kann jeder seinem Belieben und Begehr freien Lauf lassen, alle möglichen Lebensweisen haben Raum, Zwang ist verpönt – aber die Unersättlichkeit in der Freiheit wird die Demokratie zugrunde richten: Die Zuchtlosigkeit führt direkt in die Tyrannis hinein.

2.3 Die Grundgedanken für das Idealbild eines Staates

- Der Zweck und damit die **Rechtfertigung des Staates** ist es, das Zusammenleben der Menschen bestmöglich zu ordnen.
- Diese Ordnung ergibt sich aus der **Natur des Menschen,** d. h. Platon nimmt eine anthropologische a-priori-Setzung vor: Jeder soll im Staat das tun, was seiner natürlichen Anlage entspricht. Platon behauptet drei solche Anlagen: sinnliches Begehren, Streitbarkeit und Vernunft. Ihnen entsprechen drei Menschen-„Typen": „Erwerbshungrige" (Bauern und Handwerker), „Streitbar-Ehrgeizige" (Wächter) und „Wissensdurstige" (Philosophen). Sie haben jeweils ihre Funktion im Gemeinwesen **im richtigen Verhältnis zueinander** auszufüllen.
- Da sich die Erwerbsfreudigen und die Streitbaren jeweils zweitrangigen Werten verschrieben haben, bleiben sie von der Staatslenkung ausgeschlossen, auch wenn ihre Arbeit für die **Erhaltung** des Gemeinwesens unverzichtbar ist.
  Der Staat wird also von den Menschen gelenkt, die nach Erkenntnis streben, die deswegen in der Lage sind, vernünftig zu handeln, weil sie das Wesen des Guten erkannt haben. Aus diesem Gedankengang folgt Platons Überzeugung, dass entweder die **Philosophen Könige werden müssen** oder die jetzigen Könige sich zu echten und gründlichen Philosophen „fortbilden" müssen.

Mit den Begriffen der Politikwissenschaft kann man Platons politisches Idealsystem als „aristokratischen Drei-Stände-Staat" bezeichnen – wobei *aristoi* in diesem Fall nicht die „Edlen von Geburt", sondern eine Art „Geistes-Adel" sind. Konsequenterweise verlangt Platon auch, dass in jeder Generation wieder überprüft werden muss, wer zu dieser Elite-Schicht gehört.

2.4 Typische Strukturelemente von Platons Idealstaat

- Angesichts der Politiker in Athen, die ihr politisches Amt oft dazu missbrauchten, um sich finanziell zu bereichern, musste Platon dafür sorgen, dass dies in seinem Idealstaat nicht geschah. Daher sah er vor, dass die

Staatslenker und Wächter in einer Art **„Orden“** lebten: ohne Familie, der Lebensbedarf wird von den anderen Bürgern gestellt (weder Mangel noch Überfluss), gemeinsame Mahlzeiten, kein Kontakt mit Gold und Silber.

- Wenn die Anlage zur Vernunft, d. h. zur Erkenntnisfähigkeit, und damit die Disposition zur Staatslenkung naturgegeben ist und von den Eltern auf die Kinder vererbt wird – wovon Platon ausging –, musste er sich um diesen Bereich besonders kümmern. Daher entsteht ein erstes „Eugenik“-Konzept: Es muss strenge Regeln geben, wer mit wem **Kinder** zeugen darf. Durch ein von den Staatslenkern manipuliertes Losverfahren werden die gewünschten Partner scheinbar schicksalhaft zusammengeführt. Sobald die Kinder geboren sind, werden sie von einer dafür zuständigen Behörde übernommen und in einer Staatsanstalt aufgezogen. Kinder, die schlechte Männer mit schlechten Frauen zeugten, werden an einem geheimen Ort verborgen.
- Für den Nachwuchs der Staatslenker spielt folgerichtig der Ausbau der natürlichen Anlagen durch **Erziehung** eine zentrale Rolle. Dafür muss das vorhandene Kulturgut nach seiner Tauglichkeit sortiert werden: Hesiod, Homer und Aischylos z. B. fallen ebenso der Zensur zum Opfer wie alle klagenden und weichlichen Tonarten und die Flöte als Instrument in der Musik. Mit 20 Jahren werden die nur militärisch Begabten ausgesondert, mit 30 die Besten herausgefiltert. Diese studieren weitere fünf Jahre reine Philosophie, danach sind sie reif, politische Ämter auszufüllen; wenn sie sich auch dort bewährt haben, werden sie mit 50 Jahren in den Herrscherstand aufgenommen.
- Der untersten, besitzorientierten Schicht stehen die beiden staatslenkenden bzw. staatsschützenden Stände gegenüber wie der Hirt und sein Hütehund der Herde. Das Volk wird geleitet – auch List und Betrug sind dazu erlaubte Mittel. Platon ist der Überzeugung, dass die Staatslenker **Lug und Betrug zum Besten der Regierten** anwenden müssen: Man müsse dies wie die Verabreichung von Medizin verstehen.

2.5 Spätere Korrekturen durch Platon

In später geschriebenen Texten („Nomoi“, Die Gesetze; „Politikos“, Der Staatsmann) rückt Platon – wahrscheinlich auch infolge seines erfahrungs- und enttäuschungsreichen Lebens – von einzelnen radikal-idealistischen Ausführungsbestimmungen seines Politeia-Entwurfs ab. Das Wunschbild einer Herrschaft, die nur durch die Vernunft geleitet wird, lässt sich offenbar in dieser

Welt zur Zeit Platons nicht verwirklichen. Mangels wahrhafter Herrscher erscheint ihm dann ein Gesetzesstaat als die relativ beste Staatsform. Es bleibt bei der straffen Kontrolle des Verhaltens der Bürger, doch werden die Eugenik- und Erziehungsvorschriften abgeschwächt.

Ein grundlegendes Ordnungselement in Platons Staat bildet die Religion: Wer sich nicht zur Staatsreligion bekennt, riskiert je nach Schwere des Vergehens die Gefängnis- oder Todesstrafe.

2.6 Bilanz aus heutiger Sicht[3]

positive, weiterführende Aspekte	negative, wertverneinende Aspekte
1. Forderung nach einer bestmöglichen Ordnung des Zusammenlebens *aller* Bürger durch den Staat; 2. Forderung nach einer Tätigkeit des Einzelnen im Gemeinwesen, die seinen tatsächlichen Fähigkeiten entspricht; 3. Bindung der politischen Macht an Kompetenz, nicht z. B. an adlige Herkunft (d. h. es gibt kein Herrschaftsprivileg). Die Aspekte 4. und 5. sind im Prinzip positiv, gleichzeitig aber unrealistisch, da sie einen einzelnen Menschen in der von Platon gedachten Vollkommenheit überfordern. 4. Bindung der politischen Macht an die oberste moralische Qualität: die reine Erkenntnis des Guten; 5. Vollkommen selbstloses, nur am Gemeinwohl ausgerichtetes Handeln des Staatslenkers; materielle und familiäre Verzichtbereitschaft.	1. Die immer vorhandenen Unterschiede zwischen einzelnen Menschen werden zu einer qualitativen Gesellschaftseinteilung in drei Stände, d. h. zu einer politischen Struktur geformt und als eine Art gesellschaftliches Naturgesetz festgeschrieben. Damit ist das Staatssystem a priori undemokratisch (da nicht aus menschlicher Entscheidung entstanden, sondern unantastbar von Natur aus vorgegeben) und baut auf der qualitativen Ungleichheit der Menschen auf. 2. Die philosophisch trainierte Vernunft wird nur wenigen zugebilligt, daraus wird aber die Notwendigkeit und Rechtfertigung abgeleitet, den Rest der Bevölkerung mit Zwang auf den richtigen Weg zu bringen und dort zu halten. Damit wird ein totalitäres System eingerichtet, das auf Unfreiheit basiert und die Menschenwürde verletzt.
Wäre Platons System in die Realität umgesetzt worden, hätten die negativen Zwangserfahrungen die positiven Absichten und Zwecke überwogen.	

3 Maßstab für die Bilanz ist das gegenwärtige Grundwertekonzept.

3 Thomas Morus: „De optimo reipublicae statu, deque nova insula Utopia“

3.1 Das politisch-gesellschaftliche Umfeld

Thomas Morus (1478–1535), jahrelang Lordkanzler (d. h. heute: Premierminister) von König Henry VIII., kannte die gesellschaftlich-politischen Verhältnisse von Grund auf aus seiner eigenen politischen Arbeit. Er erlebte das große „Bauernlegen“ – eine Art Revolution von oben in der Agrarwirtschaft: Die Großgrundbesitzer (Adel und Klerus) machten mit Schafzucht, d. h. mit der Produktion von Wolle für das Textilgewerbe, größere Gewinne als mit dem traditionellen Ackerbau. Deshalb verdrängten sie mit juristischen Tricks und mit Gewalt die Ackerbaulandpächter von ihren Höfen und legten riesige eingezäunte Schafweiden an. Die vertriebenen Landpächterfamilien fanden weder Arbeit noch neue Wohnmöglichkeiten: Sie wurden zum Lumpenproletariat, zogen bettelnd und stehlend durchs Land, wurden vom Staat verfolgt und bestraft. Wer als Dieb erwischt wurde, wurde gehenkt; wer bettelte, landete wegen müßigen Herumtreibens im Gefängnis.

Thomas Morus

3.2 Privateigentum als Grundproblem

Morus war davon überzeugt, dass die (schon von Platon geforderte) Gleichheit des Besitzes sich kaum wahren lässt, wo es Privateigentum Einzelner gibt. Denn wer Privateigentum hat, will es vermehren: Jeder reißt an sich, so viel er kann; am Ende teilen einige wenige alles unter sich auf, der riesigen Masse der anderen bleibt die Armut – und dies ganz unabhängig davon, wie groß das Volksvermögen insgesamt ist.

Schonungslos entlarvt Morus die Oberschicht seiner Zeit als habsüchtig, das Recht beugend, angeberisch gegenüber anderen, kriecherisch gegenüber höher Gestellten, besonders dem König, und voller Heuchelei. Die materielle Unersättlichkeit hat die christliche Moral, ja jede Moral überhaupt zur vernachlässigbaren Größe gemacht. Für Güte (mitmenschliche Solidarität) und Weisheit ist in der Politik kein Platz. England steht dabei für Morus beispielhaft für die gesamte gesellschaftlich-politische Lage in Europa.

3.3 Die Grundgedanken für das Idealbild eines Staates

Zweck und damit Rechtfertigung des Staates ist eine Gesellschaft, die von geistiger Offenheit geprägt ist und in der Weisheit hoch geschätzt wird. Diese Gesellschaft ist fürsorgend, nicht materialistisch orientiert und sie ist eingebunden in ein hierarchisches und patriarchales Wertekonzept; sie wahrt die Gleichheit der Menschen und garantiert Gerechtigkeit, Toleranz und Sicherheit.

Diese positiven Werte werden jedoch nicht um ihrer selbst willen verwirklicht – vergleichbar den Idealen Platons und im Sinne eines höchsten Guten –, sondern weil sie für das Erreichen der Interessen der Menschen im Staat vernünftig und damit nützlich sind. Die immer wiederkehrenden Leitbegriffe sind daher *utile, utilitas* (Nutzen) einerseits und andererseits *commodum, commoditas* (Zweckmäßigkeit) sowie *beneficium* (modern in etwa: „soziales Netz") als Benennungen des Interessenziels der einzelnen Menschen.

Aus der dritten Auflage von Thomas Morus' „Utopia": Die Insel wird detailliert beschrieben und durch einen Holzschnitt von Ambrosius Holbein illustriert.

Grundlage der Sozialstruktur des besten Staatswesens bildet das **Freundschaftsmodell,** das, zuerst von Pythagoras (um 570 – um 496 v. Chr.) formuliert, über Erasmus von Rotterdam (1466–1536) zu Morus gelangt. Es ist in zwei Grundsätzen überliefert: „Zwischen Freunden ist alles gemeinsam" und „Freundschaft ist Gleichheit". Ein Freund ist ein zweites Ich. Ergänzend gibt es Sätze, die aus der Freundschaft die Verpflichtung aller zur Arbeit ableiten. Morus' Utopia zeigt, wie ein Staatswesen aussehen könnte, das *diesem* Prinzip folgt und nicht, wie die Gesellschaft im damaligen England, das eigensüchtige Ich höher stellt als das Prinzip Freundschaft. Es zeigt, wie Humanität etabliert werden kann.

Wenn Morus sich fragt, weshalb sich in zwei Jahrtausenden griechischer Philosophie und anderthalb Jahrtausenden Christentum die guten Konzepte von Freundschaft bzw. Nächstenliebe nicht bei den Menschen durchgesetzt haben, so gibt er folgende Erklärung: Wir Menschen streben nach der Verwirklichung unserer Interessen mit vernunftgesteuerter Überlegung in **Übereinstimmung mit den Umständen und Bedingungen** unserer Existenz. Der Lebensumstand, der nach Morus' Ansicht in der zeitgenössischen Gesellschaft verhindert, dass die guten Prinzipien Freundschaft bzw. Nächstenliebe wirksam sind, ist **„superbia"** (Stolz, Prestigedenken). Und der Wirkungsmechanismus von „superbia" ist der, dass Reichtum nicht danach bewertet wird, welchen Vorteil er einem bringt, sondern nach den Nachteilen, die andere erleiden. Das bedeutet, dass der Mensch sich nicht im bloßen Genuss von Reichtum „stolz" erlebt, sondern nur im Vergleich mit anderen, die weniger reich (an Gütern oder Erfolg) sind! Deswegen ist die Hauptfolge von „superbia" im menschlichen Verhalten Konkurrenz, Kampf und letztlich Destruktivität, Zerstörung.

Der Gegenentwurf zur vorgefundenen Gesellschaft muss also die Möglichkeit des Menschen, seine Interessen erfolgreich zu verwirklichen, so organisieren, dass „superbia" keine Chance bekommt, ihre destruktive Wirkungsmacht zu entfalten. Zentrales Element dieser Gegenorganisation ist in Utopia die Gütergemeinschaft.

3.4 Typische Strukturelemente von Morus' Staatswesenmodell

Ausgehend von den beiden Grundgedanken „vernünftige Verfolgung der eigenen Interessen" und „Freundschaftsmodell" weist Morus' Staatswesenmodell folgende Strukturelemente auf:

- „Utopia" ist ein Agrar- und Handwerksstaat **ohne Privateigentum.**
- Je dreißig Familien wählen sich jedes Jahr einen Leiter; diese **Gruppenvorstände** wählen ihrerseits aus vier vom Volk bestimmten Kandidaten das Staatsoberhaupt auf Lebenszeit; ein Zehntel der Gruppenleiter wird in den Staatsrat gewählt, der mit dem Staatsoberhaupt die Politik berät und ausführt.
- Alle Männer und Frauen sind **zur Arbeit verpflichtet:** sechs Stunden werktäglich; die Freizeit wird zur geistlichen und geistigen Weiterbildung genutzt. Für wissenschaftliche Studien kann eine Befreiung von der Agrar- bzw. Handwerksarbeit bewilligt werden, der Erfolg der Studien muss nachgewiesen werden.

- Alle Wirtschaftsprodukte werden in **öffentlichen Vorratslagern** abgeliefert, dort bekommt auch jede Großgruppe, was sie braucht: Es herrscht Gerechtigkeit entsprechend jedermanns Bedürfnissen. Keiner verlangt auch mehr als er braucht.
- Die Gruppen aus je dreißig Familien nehmen ihre **Mahlzeiten gemeinsam** ein, mittags und abends verbunden mit dem Vorlesen einer moralischen Abhandlung.
  Dies ist *ein* Beispiel dafür, dass das umfassendere Freundschaftsprinzip punktuell als wichtiger angesehen wird als der traditionell kleinere Familienverband.
- **Reisen** bedürfen obrigkeitlicher Genehmigung.
- **Allgemeine Schulbildung** und **religiöse Toleranz** sind grundlegende Elemente der geistigen Kompetenz und des gesellschaftlichen Friedens; die gemeinsame religiöse Grundlage beschränkt sich auf den Glauben an einen gütigen Schöpfer, die Unsterblichkeit der Seele und ein Gericht nach dem Tod über die Lebensführung auf Erden.
- Die Menschen gehen ihrem Vergnügen *(pleasure)* auf vernünftige Weise nach, in der Überzeugung, dass *jedermann* dazu berechtigt ist. Aus dieser Überzeugung vom **Recht der freien Lebensgestaltung** konnte auch die Möglichkeit der Ehescheidung und der Berechtigung, dem Leben selbst ein Ende zu setzen (griech. *eu thanatos:* schöner Tod) abgeleitet werden.
- Der **Zwangsaspekt** von Morus' Entwurf bleibt vergleichsweise bescheiden. Das liegt daran, dass Morus auf den Menschen vertraut: Wenn die Lebensumstände entsprechend dem Utopia-Modell organisiert sind, wird der Mensch einsehen, dass die auf dem Freundschaftsmodell aufgebaute Gesellschaft die Nützlichste ist. Denn sie entspricht seinen Interessen – auch als Individuum – am besten. Nur wer in seinem Verhalten völlig gegen die Freundschaftswerte verstößt, muss sich damit abfinden, zum Sklaven herabgestuft zu werden.

3.5 Die besondere Qualität von Morus' Utopia

Morus gibt seinem Werk „Utopia" eine inhaltliche Struktur, die sich für dreihundert Jahre als Modell für die folgenden Utopie-Entwürfe etabliert:

- Zuerst ein **kritischer Diskurs,** in dem die Probleme / Missstände der zeitgenössischen Situation durchleuchtet und auf den Punkt gebracht werden;

- dann ein **beschreibender Diskurs,** in dem diese Nicht-Ordnung mit dem geordneten, harmonischen gesellschaftlichen Leben des utopischen Entwurfs verglichen wird und schließlich
- ein **rechtfertigender Diskurs,** der herausarbeitet, unter welchen Bedingungen ein solches neues soziales Leben möglich wird.

Morus nimmt die traditionelle Struktur des philosophischen **Dialogs** in ihrer personalen Dreiheit – Autor, Figur 1, Figur 2 – ernster als seine Vorgänger und Nachfolger. Üblicherweise ist die eine Figur das Sprachrohr der Meinung des Autors, also letztlich mit diesem identisch; die zweite Figur dient als Stichwortgeber ohne eigenes persönliches Profil und argumentatives Gewicht.

Morus verfährt anders: Er bewahrt sich seine Distanz als Autor gegenüber beiden Figuren und verweigert dem Leser die eindeutige Information, auf wessen Seite er letztlich steht.

Dies drückt sich zum einen darin aus, dass Morus der Zuhörerfigur des Berichts über Utopia durchaus vernünftige Nachfragen und Einwände in den Mund legt – beim Thema Gemeineigentum etwa dahingehend: Wird sich nicht jeder vor der Arbeit drücken, wenn keiner mehr Privatbesitz ansammeln kann? Steigert nicht das Sich-Verlassen auf anderer Leute Fleiß die eigene Faulheit? Wenn es kein Gesetz zur Sicherung von Eigentum gibt, führt das nicht zu Aufstand und Mord? Damit baut Morus von vornherein kritische Argumente gegenüber dem Utopia-Entwurf selbst in den Text ein.

Zum anderen relativiert Morus die Glaubwürdigkeit des Reisenden, der von Utopia berichtet, teilweise. Das wird z. B. bereits in der „gespaltenen" Namensgebung deutlich. Der Vorname Raphael erinnert an den Erzengel, der durch zwei helfende Funktionen charakterisiert ist: Er **führt** Menschen auf den **rechten Weg** (Tobias-Geschichte im Alten Testament) und er macht Menschen (wieder) **sehend** (Tobias' Großvater) – beides sehr positive Konnotationen für den, der von Utopia berichtet. Aber andererseits heißt er mit Nachnamen – modisch graecisiert – Hythlodäus. Den Sprachwissenschaftlern sind dazu nur zwei Auflösungen plausibel: der „Unsinn-Erfahrene" oder der „glühende Fantast". Beides sind eindeutig negative Bewertungen seiner Funktion als Berichterstatter über die – laut Titel – beste Gestaltung des Staatswesens. Auch im weiteren Verlauf des Textes relativiert Morus in der Gestaltung des Gesprächsverlaufs und der Charakterisierung des Hythlodäus immer wieder selbst das von diesem begeistert vertretene Utopia-Konzept.

Diese Relativierung ist von Bedeutung, weil Morus damit der Gefahr entgeht, den Eindruck zu erwecken, die letztgültige Wahrheit über den idealen Staat/die ideale Gesellschaft zu kennen. Kein politischer Fanatiker hätte sich auf diesen, sich selbst relativierenden Text berufen können, um seinen eigenen totalitären Anspruch zu rechtfertigen. Morus liefert vielmehr einen Beitrag zum andauernden philosophischen Gedankenaustausch unter seinesgleichen – wenn man weit geht, kann man vielleicht sagen: er beteiligt sich an einem intellektuellen ernsthaften **Gedankenspiel** auf höchster Ebene.

3.6 Bilanz aus heutiger Sicht[4]

positive, weiterführende Aspekte	negative, wertegefährdende Aspekte
1. Forderung nach einer bestmöglichen Ordnung des Zusammenlebens aller Bürger durch den Staat; Gleichheit aller vor dem Gesetz (Isonomie); 2. gleiche gesellschaftliche Stellung von Frau und Mann; allgemeine Schulbildung; 3. religiöse Toleranz auf der Grundlage eines einfachen Grundkonsenses allgemeiner Religiosität; 4. Bindung der politischen Macht an Kompetenz und Wahl, nicht an Herkunft und Erbfolge/fürstliche Berufung; 5. Verantwortlichkeit jedes Bürgers für das Wohlergehen aller anderen (Freundschaftsprinzip); daraus abgeleitete **Bürgerpflichten.** Der folgende Aspekt 6 ist im Prinzip positiv, letztlich aber unrealistisch, da er einseitig nur einen Wirkungsfaktor verabsolutiert. 6. A-priori-Setzung: Die Vernunft ist die mächtigste Antriebskraft des Menschen, wenn man nur die Existenzumstände richtig ordnet.	1. Da dem positiven Wirken der Vernunft durch die richtige Ordnung der Lebensumstände erst der Weg freigemacht werden muss, kommt auch Utopia nicht ohne Zwang aus. Das System ist durch den Gründer Utopos eigenmächtig gestiftet worden, es ist nicht (wie z. B. später bei Locke) durch demokratische Abstimmung aller Beteiligten zustande gekommen. Zur Erhaltung dieser Ordnung bedarf es einer hierarchischen Herrschaft mit festen Regeln und Geboten, die z. T. tief in die „Privatsphäre“ eingreifen (nach Morus' Überzeugung wird dies allerdings durch die emotionale Erlebnisebene der Freundschaft aufgewogen). 2. Das Gleichheitsprinzip als Absicherung der Gerechtigkeit birgt allerdings auch die negative Tendenz zur Gleichmacherei in sich. Dies äußert sich weniger in den sozialen Strukturen als in der äußeren Organisation des Lebens: gleiche Kleidung für alle, gleiche Häuser, gleiche Stadtanlage. Geometrie und Symmetrie bestimmen den Lebensraum. Damit werden Individualität, Spontaneität, Fantasie usw. gefährdet bzw. gegen Null geführt und damit letztlich die Menschenwürde infrage gestellt.

4 Maßstab für die Bilanz ist das gegenwärtige Grundwertekonzept.

4 Tommaso Campanella: „Civitas Solis“

4.1 Das politisch-gesellschaftliche Umfeld

Tommaso Campanella (1568–1639), der mit fünfzehn Jahren in den Dominikanerorden eintrat, stellte sich schon bald gegen die herrschenden Kräfte seiner Zeit: Innerkirchlich wurde er zum Abweichler, weil er die theologisch-philosophische Grundkonzeption ablehnte, die auf Aristoteles aufbaut, und geriet damit zeitlebens unter Ketzereiverdacht, besonders bei den Jesuiten. Politisch schloss er sich der Opposition an, die die Art, wie der spanische Vizekönig das Königreich Neapel regierte, ablehnte und Verschwörungen anzettelte. Dass die Kirche, bedacht auf ihre juristische Eigenständigkeit, einen Inquisitionsprozess gegen Campanella führte, rettete ihm wahrscheinlich das Leben, da er von den Spaniern wegen Hochverrats in einem politischen Prozess sofort zum Tode verurteilt worden wäre. Von der Kirche als 35-Jähriger zu lebenslanger Haft verurteilt, verbrachte er 23 Jahre in den Verliesen Neapels und wurde nach eigenem Bericht sieben Mal grausam gefoltert. Vom Papst letztlich doch begnadigt, verfolgte ihn der Vizekönig weiter; französische Freunde ermöglichten ihm die Flucht aus Rom nach Frankreich, wo er noch fünf Jahre im Dominikanerkloster in Paris lebte. Seine wichtigsten Schriften entstanden im Kerker.

Tommaso Campanella

4.2 Privateigentum als Grundproblem

Auch Campanella war davon überzeugt, dass die ungerechten Besitzverhältnisse und die daran gebundenen Untugenden der Menschen – Neid, Eifersucht und Heuchelei – die Ur-Übel der Gesellschaft ausmachen. Wenn der Mensch die materielle Selbstsucht aufgibt, bleibt – nach Campanellas Überzeugung – nur noch die Liebe zur Gemeinschaft übrig.

4.3 Die Grundgedanken für das Idealbild eines Staates

Campanellas Vorstellungen gleichen in vielen Gesichtspunkten denen Platons und Morus’. In einem Punkt unterscheiden sie sich allerdings deutlich und spiegeln damit die Änderung der geschichtlichen Situation seit Morus wider.

In den Konfessionskämpfen nach der Reformation sind die Glaubensunterschiede immer mehr zugespitzt worden, haben sich politisch bis zum Bürgerkrieg verschärft (z. B. in Frankreich). Daher erscheint Morus' Konzept religiöser Toleranz nicht mehr akzeptierbar: Die Aufsplitterung des Denkens, d. h. die Vielfalt von Bewusstseinsinhalten ist augenscheinlich höchst gefährlich und muss vermieden werden. Bei Campanella entsteht daraus die – für heutige Leser paradoxe – Situation, dass er einerseits vehement für freies Denken und Forschen in den Wissenschaften eintritt (z. B. in einer von der Kurie angeforderten Schrift zum Fall Galilei), andererseits aber ein universales Königtum mit katholischer Staatsreligion (z. B. unter dem Papst oder dem französischen König) fordert, in dem andere Glaubensüberzeugungen ausgeschlossen sind.

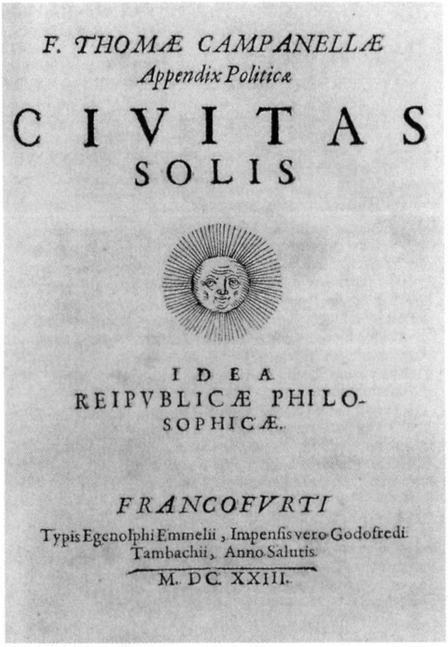
F. THOMÆ CAMPANELLÆ
Appendix Politicæ
CIVITAS
SOLIS
IDEA
REIPVBLICÆ PHILOSOPHICÆ.
FRANCOFVRTI
Typis Egenolphi Emmelii, Impensis vero Godofredi Tambachii, Anno Salutis
M. DC. XXIII.

Titelblatt von Tommaso Campanellas Schrift „Civitas Solis"; die lateinische Ausgabe wurde 1623 gedruckt. Das Original von 1602 war auf Italienisch verfasst.

Viele konkrete Organisationsdetails entnimmt Campanella direkt den Vorschriften Kaiser Friedrichs II., mithilfe derer der Kaiser die vorbildliche Verwaltungsstruktur des staufischen Süditaliens eingerichtet hat (Akzisen von Capua 1220; Constitutionen von Melfi 1231/32). Campanella arbeitet also mit konkretem Gedankenmaterial aus der Geschichte seiner Heimat.

4.4 Typische Strukturelemente von Campanellas Staatsmodell

Nach Campanellas Überzeugung muss die ideale Ordnung der Gesellschaft auf folgenden Grundbausteinen aufgerichtet werden:

- **Gemeinbesitz** aller materiellen Güter.
- Streng **hierarchischer Staatsabsolutismus: Der Staat regelt alles,** auch das Privatleben.
  An der Spitze steht der „Sol" oder Metaphysicus (den Campanella als Spiegelbild von sich selbst beschreibt). Er ist der vollkommene Universalgelehr-

te; er kennt „die Übereinstimmungen und Verschiedenheiten der Dinge, die Notwendigkeit, das Schicksal und die Harmonie der Welt: die Macht, die Weisheit und die Liebe Gottes und seiner Werke, die Stufenfolge des Seienden, seine Zusammenhänge mit den Erscheinungen des Himmels, der Erde und des Meeres und mit den Gedanken Gottes, soweit diese sterblichen Menschen zu erkennen vergönnt ist“[5], und er kennt dazu die Propheten und die Astrologie. Unter dem „Sol“ versehen drei oberste Ressortminister ihre Ämter: „Pon“ (d. h. lat. *potentia:* Macht), zuständig für Militär und Polizei; „Sin“ (d. h. lat. *sapientia:* Weisheit), zuständig für Religion und alle Arten Bildung; „Mor“ (d. h. lat. *amor:* Liebe), zuständig für Nachwuchsplanung, Säuglingspflege, Medizin, Arzneimittel, Ackerbau und Viehzucht.

- **Staatliche Kontrolle der gewünschten Verhaltensweisen** wie Freigebigkeit, Tapferkeit, Fleiß (Bereich „Pon“).
- **Gemeinsame Ausbildung** aller in den notwendigen Wissens- und Arbeitsfeldern (Bereich „Sin“). Wichtig dabei ist die Anschaulichkeit: Die sieben Mauerringe der Stadt sind auf beiden Seiten mit Illustrationen zu den verschiedenen Wissenschaften geschmückt – die ganze Stadt ist ein riesiges Bilderlexikon im Dienste der Volksbildung.
- **Gemeinschaftsverpflegung** und Vorlesungen während des Essens (Bereich „Mor“).
- Auch hier: **Eugenik;** allerdings nicht im Sinne von Platons Verbesserung („guter“ Mann + „gute“ Frau = „besseres“ Kind), sondern im Sinne des Ausgleichs von Unterschieden bzw. Extremen (dicker Mann + dünne Frau = normales Kind; triebschwacher Gelehrter + lebhafte, weltzugewandte Frau = normales Kind). Der Zeugungstermin wird behördlicherseits mithilfe der Astrologie festgelegt.
- Die **Astrologie** steht gleichberechtigt neben der Theologie bzw. der Wissenschaft als Wissensquelle, mit deren Hilfe Staat und Gesellschaft organisiert und verwaltet werden.
- Wie durchschlagend das Denken Campanellas von der Struktur der Hierarchie beherrscht ist, zeigt sich sogar im metaphysisch-symbolischen Bereich menschlicher Schuld. Alle nicht-juristischen Vergehen beichten die Bürger geheim ihren Vorgesetzten (unterste Ebene), diese berichten sie – ohne Namen zu nennen – den drei Ministern und bekennen gleichzeitig ihre eigenen Sünden (mittlere Ebene). Die drei Minister legen ihrerseits alljähr-

5 Tommaso Campanella: Sonnenstaat, S. 22 f.; zitiert nach K. J. Heinisch, Reinbek 1960, S. 126.

lich eine Beichte vor Sol ab, einschließlich der Vergehensstatistik von unten (oberste Ebene). Die Staatsspitze, Sol, kennt danach alle Übel des Volkes. In einer öffentlichen Zeremonie legt er sie am Altar des Sonnentempels nieder, einer aus dem Volk meldet sich freiwillig als Sühnender und büßt die Vergehen des Volkes in einem drei- bis vierwöchigen Fasten in der Kuppel des Sonnentempels. Sol spricht das Volk von dessen Sünden frei und übernimmt alle Verantwortung vor Gott. Er selbst ist so vollkommen, dass er a-priori rein von „Übel" ist.

4.5 Bilanz aus heutiger Sicht[6]

positive, weiterführende Aspekte	negative, werteverneinende Aspekte
Den grundsätzlich positiven Ansatz, sich über die bestmögliche Staats- und Gesellschaftsordnung Gedanken zu machen,	zerstört Campanella selbst durch die Art des Systems, das er zum Besten erklärt. Der hierarchisch durchorganisierte Überwachungsapparat etabliert eine noch intensivere Unfreiheit des Einzelnen, als sie schon bei Platon erkennbar wurde. Das Modell von Morus konnte vergleichsweise viel liberaler sein, da der Autor auf die positive Eigenwirkung der Vernunft baute. Campanellas totalitäres Kontrollsystem zeigt demgegenüber, dass er darauf kaum vertraut, vielmehr großes Misstrauen gegenüber den Menschen hegt, von sich aus auf dem rechten Weg zu bleiben – sonst bräuchte es die lebenslange und tief greifende Überwachung ja nicht. Campanellas Staat und Gesellschaft wäre, hätte der Autor sie nicht als Ideal formuliert, inhaltlich beispielhaft in die Reihe der Negativ-Utopien des 20. Jahrhunderts einzuordnen.

6 Maßstab für die Bilanz ist das gegenwärtige Grundwertekonzept.

5 Francis Bacon: „Nova Atlantis"

5.1 Das politisch-gesellschaftliche Umfeld

Francis Bacon (1561–1626) stammt aus der „gentry", dem niederen englischen Adel, der seit den Tudormonarchen zu Geld, Macht und Ansehen kam. In Familie und Studium bestens ausgebildet, konnte er dennoch unter Elizabeth I. keine Karriere machen; erst unter James I., ihrem Nachfolger, gelang ihm der Aufstieg: Bacon wird mit 56 Jahren Großsiegelbewahrer des Königs, ein Jahr später – wie vor ihm Morus – Lordkanzler und damit erster Politiker nach dem König. Aber bereits nach zwei Jahren wird er wegen Bestechlichkeit angeklagt und muss auf alle politischen Ämter verzichten. Er zieht sich ganz auf seine erkenntnistheoretischen und politischen Schriften zurück. Sechs Jahre nach seinem politischen Sturz stirbt er in London.

Francis Bacon

Bacons bis heute anhaltende Bedeutung liegt darin, dass er die „Wissenschaft von der Wissenschaft" entwickelt hat, also das, was heute „Wissenschaftstheorie" als eigenständige philosophische Disziplin ist. Wie Morus – und im Gegensatz etwa zu Campanella – kennt er das politische Geschäft aus eigenem Handeln genau.

5.2 Der Grundgedanke, der Bacons Staatsmodell von allen bisherigen unterscheidet

Wissen *(knowledge)* steht für Bacon in engstem Zusammenhang mit Tugend *(virtue)*: Wer sich nicht bestmöglich mit Kenntnissen, mit Wissen ausgestattet hat, kann sich auch nicht bestmöglich verhalten. Die Menge des Wissens ist noch nicht absehbar; die neuen geografischen Entdeckungen der Seefahrer wirken zwergenhaft, gemessen an den bisher noch unbekannten Erfindungen und Kenntnissen, zu denen die Wissenschaftler kommen werden – wenn die Forschung nur sinnvoll organisiert und geleitet wird. Da Forscher und Wissenschaftler die höchste Wissenskompetenz in der Gesellschaft haben, bilden sie auch die politische Elite: Sie erschließen die Kräfte und Mittel der Natur und stellen sie in den Dienst der ganzen Gemeinschaft; ihre Wissenskompetenz macht es vernünftig und damit notwendig, dass *sie* den Staat leiten.

5.3 Typische Strukturelemente von Bacons Entwurf

Das Herzstück von Bacons Modell ist das **„House of Solomon"**, eine Wissenschaftler-Akademie, deren Mitglieder sich nicht nur dem Sammeln aller vorhandenen Kenntnisse widmen, sondern vor allem neues Wissen suchen und die Ergebnisse vergleichen, also Forschung betreiben. Ihre Erkenntnisse setzen sie in den Stand, die Gesellschaft bzw. den Staat bestmöglich zu leiten. Um das neue Wissen zu erlangen, müssen Freiheit, ja auch der Zufall, muss die Eigenbewegung der Forschung Wirkungsgelegenheit haben – innerhalb eines gesellschaftlichen Rahmens, der lediglich die moralische Beliebigkeit ausschließt und die Stabilität der gesellschaftlichen Ordnung garantiert.

Da Wissen und Wissenschaft Macht *sind,* sind die Wissenschaftler und Forscher auch die Inhaber und Kontrolleure der Macht.

Das Bild dieser obersten Wissenschaftler zeichnet Bacon aber mit zwei Gesichtern:

- einerseits sind die Wissenschaftler im „House of Solomon" absolute moralische Vorbilder und sogar in der Lage zu unterscheiden, was das unmittelbare Wirken Gottes in Wundern ist und was Wirkungen sind, die die Natur hervorbringt;
- andererseits sind sie ganz normale Menschen, die lügen und betrügen und die deshalb denselben Kontrollen und Prüfungen unterliegen müssen, wie alle anderen Bürger auch. Bacon hatte für diese realistische Sicht des Menschen das beste Beispiel an sich selbst.

Bacon hat diesen Widerspruch in seinen eigenen Schriften nicht aufgelöst. Dieses Dilemma kennzeichnet alle Wissenschaftsutopien: Entweder kontrolliert der utopische Staat aufgrund der Gefahr ihres Fehlverhaltens die Wissenschaftler, nimmt ihnen damit die notwendige Forschungsfreiheit und vereitelt damit letztlich ihre Leistung für das Gemeinwohl der Bürger oder die in aller Freiheit der Forschung errungenen Entdeckungen der Wissenschaft unterminieren irgendwann die Ordnung des utopischen Staatswesens.

5.4 Die besondere Qualität von Bacons wissensgeleiteter Utopie

Mit der aus seiner Erkenntnis- und Wissenschaftstheorie abgeleiteten Grundüberzeugung, dass Wissenschaft immer weiter forscht und neues Wissen zutage fördert, stößt Bacon als erster auf ein Struktur-Hauptproblem allen utopischen Denkens. Indem Utopien als Modelle der **besten Organisation** von Gesellschaft bzw. Staat auftreten, schließen sie eine **Entwicklung** in der Zeit aus: Vollkommenheit kann nicht weiter gesteigert werden. In Utopien kommt Entwicklung und damit letztlich Zeit an ihr Ende!

Der unveränderlich beste Zustand, der im religiösen Denken dem nicht zur Welt gehörenden, transzendenten Paradies eignet, widerspricht grundsätzlich allem, was wir über diese unsere Welt wissen und wie wir sie erleben, nämlich dass sie sich in der Zeit ständig verändert. Die Utopie behauptet, im Hier und Jetzt dieser Welt einen Zustand etablieren zu können, den es in dieser Welt nicht geben kann.

Bacons „Nova Atlantis" ist der erste utopische Entwurf, an dem dieses Paradoxon dem Autor und dem Leser klar wird.

5.5 Bilanz aus heutiger Sicht

Aufgrund des gleichermaßen großen Gewichts, das Bacon wie Morus der Vernunft und ihrer heilsamen Wirkung zumessen, gilt die oben für Morus formulierte Bilanz im Wesentlichen auch für Bacon.

6 Karl Marx: Der utopische Teil seiner Geschichtsphilosophie

6.1 Das politisch-gesellschaftliche Umfeld

Das ausgehende 18. und das beginnende 19. Jahrhundert sind reich an Überlegungen, wie Gesellschaft und Staat am besten auf die Umwälzungen reagieren sollten, die einerseits aus dem Denken in den Kategorien der Aufklärung (freier Wille, Menschenrechte, Verfassungsstaat, Demokratie), andererseits aufgrund der technischen Erfindungen und den daraus resultierenden wirtschaftlichen Wandlungen hervorgerufen wurden. Die Geschichtsphilosophie von Karl Marx (1818–1883) ist anfangs nur eines dieser Deutungs- und Erklärungskonzepte. Es wird aber, als ein Großteil des sich organisierenden politischen Sozialismus es sich zur theoretischen Grundlage nimmt, in der Geschichtsrealität besonders wirkungsmächtig.

K. Marx

6.2 Der Unterschied zwischen „Innen-Sicht“ und „Außen-Sicht“ auf den Text

Bei allen bisherigen Utopie-Konzepten ist davon auszugehen, dass Autor und Leser die fiktionale, sozusagen „konjunktivische“ Art der Texte erkennen: Das Dargestellte *ist nicht* in dieser Welt vorhanden, es *könnte* bestenfalls *sein*.

Bei Marx treten Autoren-Überzeugung und Leser-Sicht auseinander: Marx ist der festen Überzeugung, er habe für die Geschichte das entdeckt, was Naturwissenschaftler in den Jahrhunderten vorher für Astronomie, Mechanik und die anderen Teilbereiche der Physik entdeckt haben: die **natürliche Gesetzmäßigkeit** ihres Verlaufs. Marx kann also aufgrund der genauen Untersuchung und Analyse des bisherigen Geschichtsverlaufs aus ihm das Gesetz ableiten, dem diese Geschichte folgt. Und er kann mithilfe dieses Gesetzes vorausberechnen, was mit gesetzmäßiger Sicherheit **kommen wird.** Wenn Marx also über seine Lebensgegenwart hinaus Aussagen über die Zukunft macht, so produziert er nicht Fiktion (wie Louis S. Mercier mit seinem Zeitreisebericht aus dem Jahr 2440), er benennt schlicht kommende **Wirklichkeit.**

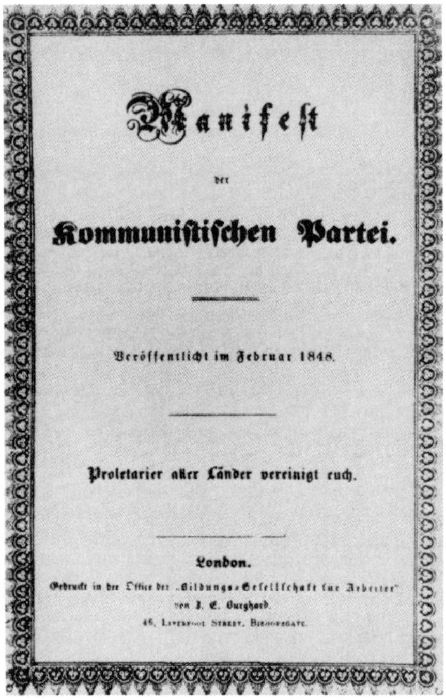
Manifest
der
Kommunistischen Partei.

Veröffentlicht im Februar 1848.

Proletarier aller Länder vereinigt euch.

London.
Gedruckt in der Office der „Bildungs-Gesellschaft für Arbeiter“
von J. E. Burghard.
46, Liverpool Street, Bishopsgate.

Titelblatt des sog. „Kommunistischen Manifests“, London 1848.

Wer nach Marx diese a-priori-Setzung einer naturgesetzhaft verlaufenden Geschichte akzeptiert oder glaubt, bleibt mit dieser „Innen-Sicht“ im Gedankensystem. Wer diese Setzung begründet verwirft, kann die Aussagen von Marx über den kommenden, letzten Zustand der Gesellschaft aus dieser „Außen-Sicht“ als ein Modell erkennen, das alle Aspekte einer Utopie aufweist.

6.3 Grundgedanken, die den utopischen Endzustand der Gesellschaftsentwicklung ermöglichen

Wenn Marx die Vorgeschichte der vorgefundenen Gesellschaft untersucht und ihre Probleme diagnostiziert, denkt er in den Bahnen seiner Vorläufer, die das Privateigentum als Grundproblem des menschlichen Zusammenlebens ansahen. Für Marx liegt das Schwergewicht allerdings – entsprechend den neuen Wirtschaftsstrukturen der Industrie – beim **Kapital,** nicht mehr beim Landbesitz wie in der früheren Agrarwirtschaft.

Der utopische Endzustand wird durch folgende Aspekte ermöglicht:

- Geschichte verläuft in der Zeit **linear** von einem Anfang zu einem Ende.
- Der Verlauf ist, trotz aller „negativen Nebenwirkungen", insgesamt eine **Höherentwicklung,** ist dauernde Verbesserung bis zum optimalen Zustand.
- Der Mensch kann den letzten, besten Gesellschaftszustand nicht aus eigenem Willen von heute auf morgen einrichten (wie das theoretisch bei den traditionellen Utopien möglich wäre), denn der Zustand kommt ja gesetzmäßig von selbst. Der Mensch kann allerdings – wenn er das Geschichtsgesetz kennt – durch sein Handeln dazu beitragen, dass der optimale Endzustand baldmöglichst kommt. (Daraus lässt sich die Pflicht zu verantwortlichem politischen Engagement ableiten, letztlich aber auch Lenins Rechtfertigung der Ein-Parteien-Diktatur.)

6.4 Typische Strukturelemente des End-Kommunismus

- **Aufhören allen Privateigentums** (und damit auf höherem Niveau Rückkehr zum Zustand des Ur-Kommunismus vor der Einführung von Arbeitsteilung und Privatbesitz).
- Arbeit wird nur geleistet, soweit sie **gesellschaftlich notwendig** und zum Wohle aller ist.
- **Freizeit** als das wahre Reich der Freiheit wird so umfangreich wie möglich gewährleistet; das ist dann erreicht, wenn die materielle Produktion mit geringstem Kraftaufwand und unter menschlichsten Bedingungen erfolgt.
- Der **Staat** im traditionellen Sinn **hört auf zu existieren:** „Ist alle Produktion in den Händen der assoziierten Individuen konzentriert, so verliert die öffentliche Gewalt ihren politischen Charakter". An ihre Stelle „tritt eine Assoziation, worin die freie Entfaltung eines jeden die Bedingung für die freie Entwicklung aller ist." (Marx-Engels: Werke)

- Da mit dem Privateigentum auch alle davon abhängigen Anreize wegfallen, gibt es weder moralische Laster (z. B. Egoismus, Habsucht) noch justiziable Verbrechen (Diebstahl, Raub) noch Krieg (Eroberung eines anderen Landes); **Polizei und Armee werden überflüssig.** (Da der End-Kommunismus die ganze Welt umfasst, braucht seine Gesellschaft sich nicht mit parallelen, evtl. feindlichen Nachbargesellschaften auseinander zu setzen, wie das noch z. B. bei Morus der Fall ist.)

6.5 Bilanz aus heutiger Sicht[7]

positive, weiterführende Aspekte	negative, werteverneinende Aspekte
Den grundsätzlich positiven Ansatz, die gegenwärtigen Missstände unter dem Aspekt der Inhumanität zu kritisieren,	gefährdet schon der Theoretiker Marx, indem er dem paradiesischen, gewaltfreien Zustand des End-Kommunismus die **Revolution** und anschließend die **Diktatur des Proletariats** als geschichtlich notwendige und unausweichliche Entwicklungsstufen vorschaltet. In dem Maße, wie die Geschichtsphilosophie von Marx von politischen Gruppen als Grundlage übernommen und ideologisch zur einzigen Wahrheit verabsolutiert wird, geben die Gewaltaspekte „Revolution“ und „Diktatur“ die Rechtfertigungen für realen politischen Umsturz ab (1917 Oktoberrevolution in Russland, 1946–49 in den „Ostblock“-Staaten, 1949 in China, 1959 in Kuba) sowie für die anschließend etablierte totalitäre Einparteienherrschaft (KP) oder sogar Ein-Mann-Diktatur (Stalin, Mao Tse-Tung, Castro). Innerideologisch wird das System der inhumanen Unfreiheit als Verteidigungsbastion gegen die Angriffe des „Klassenfeinds“ (Faschismus/Kapitalismus) definiert, das in dem Augenblick verschwinden wird, da dieser Klassenfeind endgültig besiegt sein wird.

7 Maßstab für die Bilanz ist das gegenwärtige Grundwertekonzept.

Marx steht stellvertretend für eine Vielzahl von Autoren theoretischer Texte aus dem Bereich des Sozialismus aller Schattierungen, die im 19. Jahrhundert entwickelt worden sind. Sie alle verstehen sich als wissenschaftlich, realistisch und nicht-literarisch: auch und gerade, um ernst genommen zu werden.

7 Vom Ende des 19. Jahrhunderts bis heute: Die große Zeit der Negativ-Utopien

Auffällig ist in dieser Zeit zum einen die **Rückkehr zu fiktionalen Texten,** in der Regel zum Roman als Medium der Utopie. Die theoretischen Abhandlungen des 19. Jahrhunderts waren zu blass gewesen, zu abstrakt, zu wenig lebensnah, um ein breiteres Publikum in ihren Bann zu ziehen. Die Überredungskunst traditioneller Utopien hatte ja darin bestanden, attraktive Bilder des künftigen Alltagslebens auszumalen, damit die Leser die Welt so umgestalten wollten, wie sie darin abgebildet ist. Diese Alltagsbeschreibungen sind gleichzeitig ein Prüfstein dafür, ob die zugrunde liegenden theoretischen Überlegungen des Autors in der Wirklichkeit auch tragfähig und damit überzeugend sind. Der Theoretiker Marx z. B. hatte nur abstrakt versprochen, dass das Glück für alle wirklich kommen werde, wenn nur erst die Ausbeuter selbst enteignet sein würden. Der Autor eines positiven utopischen Romans muss seinem Leser genau beschreiben, *wie* dieses glückliche Leben konkret aussieht. Dass ihm dies gut gelang, erklärt beispielsweise den großen Erfolg, den der Amerikaner Edward Bellamy mit seinem, den Sozialismus propagierenden Roman „Looking Backward 2000–1887“ (1888) hatte.

Blicken wir heute auf die Utopien des ausgehenden 19. und des 20. Jahrhunderts zurück, so ist unsere Wahrnehmung gesteuert durch die historische Erfahrung des 20. Jahrhunderts und die damit verbundene Gegenwärtigkeit von Texten im Bewusstsein der Menschen. Weil sie extreme Ausformungen des ideologischen Totalitarismus in der ganzen Welt miterlebt, zum Teil selbst durchlitten haben, sind die negativen Utopien als eine Art fiktionale „Drehbücher“ für die schreckliche politische Realität fest im Bewusstsein verankert: „1984“, „Brave New World“, „Fahrenheit 451“.

Die politische Wirklichkeit beweist einerseits die Richtigkeit ihrer Vorausschau und damit ihrer Warnungen. Andererseits kann aus ihr abgeleitet werden, dass *alles,* was sich fiktiv denken lässt, auch tatsächlich Wirklichkeit werden *kann.*

Diese **Dominanz der negativen Utopien** verdeckt uns heute die historische Tatsache, dass sie nur eine Seite in einer Art Schreib-Diskussion zwischen

Utopie-Autoren gewesen ist: Auf die positive Utopie des einen Autors folgten mehrere Anti-Utopien anderer Autoren als Antwort, und darauf wieder positive Entwürfe als Gegen-Antworten. Immer geht es um perfektionierte Gesellschaften, mit dem einzigen Unterschied, ob man ein Plus- oder ein Minuszeichen davor setzt: Was dem einen endgültiges Glück und endgültige Humanität garantierte, erschien dem anderen als Alptraum.

7.1 Die Negativ-Utopien als Menetekel, als ankündigendes Zeichen

Die Autoren der Anti-Utopien beobachten in ihrer eigenen Gegenwart und in den positiven Utopien ihrer Zeit bestimmte geistige, gesellschaftliche, politische und/oder wissenschaftliche Entwicklungen, die auf den ersten Blick positiv, fortschrittlich oder Glück verheißend erscheinen. In ihren Texten „rechnen" sie diese Trends „hoch" und zeigen, welches Gefahrenpotenzial in ihnen steckt, wenn sie ins Extrem getrieben und von Ideologen missbraucht werden.

7.2 Jewgenij Samjatin: „Wir" (1920)

Jewgenij Samjatin (1884–1937) war anfangs überzeugter Bolschewist und an der Revolution 1917 beteiligt, kritisierte aber schon früh die totalitären Tendenzen des neuen Regimes. Erstaunlicherweise ließ Stalin ihn 1932 ins Exil nach Paris ausreisen, ohne ihn zum Opfer eines seiner Schauprozesse zu machen.

Der Ich-Erzähler des Romans „Wir", die „Nummer D-503", berichtet in Tagebuchform. Er lebt in einem totalitären Staat, beherrscht von einem Diktator, der sich „Wohltäter" nennen lässt. Der Staat funktioniert wie eine Maschine, auch die einzelnen Menschen müssen „reibungslos" wie Maschinenteile funktionieren. Seele und Fantasie als Hort möglicher Unberechenbarkeit müssen daher ausgemerzt werden: Der entsprechende Teil im Stammhirn wird durch „Laser"-Bestrahlung zerstört.

1 Auf der ersten Seite der Staatszeitung stand in großen Lettern: *„Die Philosophie von Kranen, Pressen und Pumpen ist geschlossen und klar wie der Kreis. Die*

Schönheit des Mechanismus liegt in seinem Rhythmus, der unveränderlich und genau ist wie der des Pendels [. . .] Aber entscheidender als dies alles ist: Mechanismen haben keine Fantasie [. . .] Ihr aber seid krank. Eure Krankheit heißt Fantasie [. . .] Die Fantasie ist das letzte Hindernis auf dem Weg zum Glück [. . .] Kommt in die Auditorien und lasst euch operieren: Ihr werdet vollkommen, ihr werdet wie Maschinen, der Weg zum Glück ist frei. Es lebe die Große Operation! Es lebe der einzige Staat! Es lebe der Wohltäter!"
Jewgenij Samjatin: Wir, S. 210–212.

D-503 und seine Freundin wehren sich gegen das System und nehmen Kontakt zu einer Widerstandsgruppe auf, die jenseits der Stadtmauern eine natürliche Lebensweise bewahrt hat; beide werden verraten und verhaftet; D-503 wird operativ entseelt und erlebt anschließend voller Zustimmung die qualvolle Hinrichtung seiner Freundin mit – worüber er in seinem Tagebuch nach seiner „Heilung" weiter berichtet.

Die Zielpunkte der Warnung sind klar:

- **Entpersönlichung:** Menschen werden zu Maschinen,
- **Entindividualisierung:** Nummern statt Namen; Vermassung; kein Eigenwert des Menschen, sondern Reduzierung auf seine Funktion als Teilchen der Staatsmaschine,
- **Pseudoglück** des seelen- und fantasielosen gehorsamen Sklaven,
- **Totalitarismus:** diktatorische Einzelherrschaft,
- die Großstadt: als Ort und Organisationsstruktur der **totalitären Staatsmaschine** (siehe auch Fritz Langs Film „Metropolis") im Gegensatz zum freien Land der Widerstandsgruppe.

7.3 Aldous Huxley: „Brave New World" (1932)

Aldous Huxley (1894–1963) stammt aus einer Naturwissenschaftler-Familie: Sein Großvater und sein Bruder waren hervorragende Biologen. Seine Anti-Naturwissenschafts-Utopie wurde erst 1953 in deutscher Sprache veröffentlicht, dann aber konsequent als Vorausschau auf Teilbereiche der nationalsozialistischen Verbrechen gesehen.

Der Romantitel ist ein ironisches Zitat aus Shakespeares „The Tempest" (Der Sturm). Auch hier revoltiert ein Außenseiter gegen das vorgefundene System und scheitert: Die einmal etablierte totalitäre Ordnung kann von innen nicht mehr beseitigt werden, zumindest nicht durch einen einzelnen „Helden".

Die Gesellschaft ist in eine feste Klassenordnung gespannt („Kasten“ Alpha, Beta usw.); die Anzahl der notwendigen Kastenmitglieder wird staatlich festgelegt; aus den Eizellen von Kastenmitgliedern werden identische Embryos gezüchtet, um den Kastenbestand zu ergänzen. Die Kinder werden durch körperlichen und seelischen Schmerz dahingehend konditioniert, bestimmte Wirklichkeitsbereiche zu fürchten und abzulehnen (z. B. Schmerz bei der Berührung von Büchern: kein Lesen; Schmerz beim Anschauen von Rosen: keine ästhetischen Erlebnisse), wenn diese für das Existenzprogramm dieser Kaste nicht vorgesehen sind. Die Daseinsberechtigung einer Kaste kann z. B. nur darin bestehen, körperlich bis an die Grenze der Erschöpfung zu arbeiten und in der „Freizeit“ möglichst viele Waren und Dienstleistungen zu konsumieren. Die frei zugängliche Droge „Soma“ schafft alle restlichen Probleme aus der Welt. An der Stelle Gottes steht der damalige US-amerikanische Name für Mammon: „Ford“.

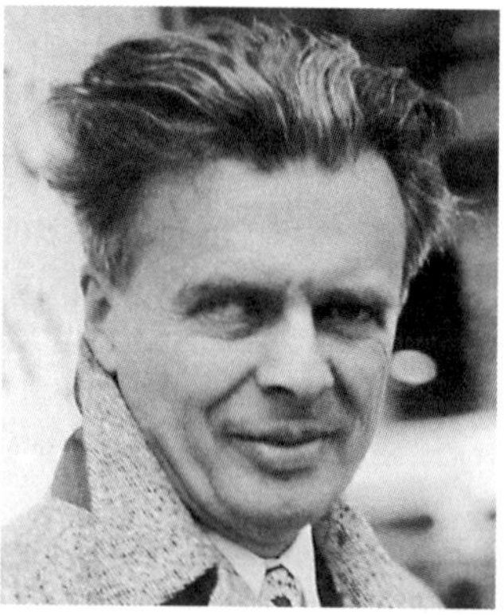

Aldous Huxley

Ein Student hob zwei Finger: [...] er verstehe das mit den Blumen nicht. Warum mache man sich die Mühe, den Deltas die Freude an Blumen psychologisch unmöglich zu machen? Geduldig erklärte es der BUND (Brut- und Norm-Direktor). Dass man die Kleinkinder beim bloßen Anblick einer Rose durch Elektroschocks in Schreikrämpfe versetze, entspringe einer höchst ökonomischen Voraussicht [...] Rosen und Landschaft hätten einen großen Nachteil: Sie seien gratis. „Wir normen den Massen den Hass gegen landschaftliche Schönheiten an“, sagte der Direktor, „doch zugleich auch die Sucht nach Freiluftsport. Jeder Sport macht den Gebrauch besonderer und komplizierter Geräte nötig. Sie benützen also nicht nur die Verkehrsmittel, sondern verbrauchen auch Waren. Und darum diese Elektro-Schocks.“ „Ich verstehe“, sagte der Student und schwieg vor Bewunderung.

Aldous Huxley: Schöne neue Welt, S. 33 f.

Die Zielpunkte der Warnung sind in diesem Fall:

- **Entpersönlichung** (wie bei Samjatin),
- **Entindividualisierung:** Nummern statt Namen; Vermassung; kein Eigenwert des Menschen, sondern Reduzierung auf seine Funktion als Teilchen der Staatsmaschine,
- **Pseudoglück:** durch Drogenkonsum und genetische bzw. psychologische Manipulation,

- Wissenschaftler, die zum Missbrauch ihrer Wissenschaft bereit sind: Biologie bzw. Genetik und Psychologie (behavioristische Lerntheorie) werden als Zwangs- und Manipulationsmacht zur **Entmenschlichung** von Menschen eingesetzt,
- **Totalitarismus:** „obere" Bevölkerungsgruppen halten sich „niedere" Klassen als willenlose Arbeiter und Verbraucher, die die Große Wirtschaftsmaschine in Gang halten, von der die oberen Klassen profitieren: Glück der wenigen auf Kosten der vielen,
- **Pseudoreligion:** Anbetung des Mammon.

7.4 George Orwell: „1984" (1949)

George Orwell (1903–1950) war ursprünglich Mitglied der englischen Militärpolizei in Indien; im Spanischen Bürgerkrieg kämpfte er auf republikanischer Seite. Mit „Animal Farm" (1945) und „1984" (1949) reagierte er besonders intensiv auf die Totalitarismen der ersten Hälfte des 20. Jahrhunderts.

George Orwell

In „1984" wird der Staat „Ozeanien" vom nicht greifbaren (numinosen) „Großen Bruder" beherrscht und befindet sich in ständigem Krieg mit seinem Konkurrenzstaat „Eurasien" (Abbild des Ost-West-Konflikts zwischen den USA und der UdSSR). Mit der Bedrohung durch den äußeren Feind, der seine Helfer auch in Ozeanien hat, wird die Notwendigkeit des totalitären Kontrollapparats gerechtfertigt. Das Leben der Menschen wird von „Televisoren" kontrolliert, die sowohl senden wie empfangen können. Eine brutal verstümmelte „Neusprache" soll verhindern, dass die Menschen in Alternativen („Zwiegedanken") denken können: Damit soll die Freiheit der Wahl zwischen verschiedenen denkbaren Möglichkeiten zerstört werden. Die politische Macht wird im Namen des „Großen Bruders" von einer Partei-Funktionärs-Clique ausgeübt. Wichtiges Herrschaftsinstrument ist die Neudefinition von Wertbegriffen in Partei-Glaubens-Sätzen: Ihr paradoxer Inhalt zwingt dazu, dass man sie nur blind glauben kann. Im konkreten Lebensvollzug ist ein Überwachungs- und Kontrollsystem installiert, das sowohl die optimierte Technik („Televisor") wie auch die Menschen selbst (Denunzianten) benutzt. Auch Orwells „Held" scheitert bei seinem Versuch, sich allein gegen das totalitäre System zu behaupten.

Er war allein […] Welche Gewissheit hatte er denn, dass auch nur ein einziger Mensch auf seiner Seite stand? Und wie sollte er je wissen können, ob die Herrschaft der Partei nicht ewig währen würde? Wie zur Antwort fielen ihm die drei Parolen auf der weißen Fassade des Ministeriums für Wahrheit wieder ein:

Krieg ist Frieden
Freiheit ist Sklaverei
Unwissenheit ist Stärke.

[…] Immer die Augen [des Großen Bruders], die einen beobachteten, die Stimme, die einen umgab. Im Wachen oder im Schlaf, bei der Arbeit oder beim Essen, drinnen oder draußen, im Bad oder im Bett – es gab kein Entrinnen. Nichts gehörte einem, bis auf ein paar Kubikzentimeter im eigenen Schädel. […] die Myriaden Fenster des Ministeriums für Wahrheit […] wirkten grimmig wie die Schießscharten einer Festung. Sein Mut sank angesichts dieses ungeheuren pyramidalen Baus. Er war zu stabil, er konnte nicht gestürmt werden. Tausend Raketenbomben würden ihn nicht in Trümmer legen können […] Und vor ihm lag nicht Tod, sondern Auslöschung. Das Tagebuch würde zu Asche und er wie der Rauch vergehen. Nur die Gedankenpolizei würde lesen, was er geschrieben hatte, bevor sie es aus der Welt und aus der Erinnerung tilgte.

George Orwell: 1984, S. 35 f.

Die Zielpunkte der Warnung wiederholen sich, im Vordergrund steht bei Orwell aber nicht die Wissenschaftskritik, sondern der politische Aspekt des totalitären Staates:

- **Entpersönlichung** und **Entindividualisierung** durch 24-Stunden-Dauer-Überwachung; Zerstörung aller Privatheit,
- **Totalitarismus:** Verbindung von Einzel- und Partei-Diktatur; Zerstörung zwischenmenschlichen Vertrauens durch Denunziantentum; Sichtbarwerden der Zwangsherrschaft in einer sie symbolisierenden Architektur mit Bedrohungseffekt,
- **Pseudoglück** der gehorsamen Untertanen des Systems, die Bestätigung von oben, sogar schon Nichtbeachtung als positiv erleben.

8 Die „Schnittstellen" von Utopie und Anti-Utopie

Schaut man sich die beiden Bereiche Utopie und Anti-Utopie unter den Aspekten an, an welchen Punkten sie sich begrifflich berühren und inhaltlich doch auseinander streben und welches Menschenbild ihnen jeweils zugrunde liegt, so ergibt sich die folgende Übersicht:

Utopie		Anti-Utopie
Glück für alle wird verhindert durch Ungleichheit im Privateigentum und/oder durch die biologische Situation.		**Unglück für fast alle** wird hervorgerufen durch den totalitären Zwangscharakter des utopischen Systems.
Der Anspruch, Glück auf dieser Welt endgültig zu etablieren, ist ernst gemeint. Die Sucht nach Besitz wird durch eine neue Gesellschaftsordnung verhindert, die materielle Gleichheit als Fundament von Zufriedenheit und Glück stiftet; deren Durchsetzung und Erhalt bedürfen der gesellschaftlichen bzw. staatlichen Gewalt und Kontrolle.	→ Ordnung ← → Kontrolle ← → Gewalt ←	Die Verheißung, Glück auf dieser Welt endgültig zu etablieren, ist nur der Vorwand, um die eigene, ideologische Totalitätsordnung gewaltsam durchzusetzen. Um die Kontrolle der Menschen und damit die Macht über sie zu optimieren, muss der totalitäre Staat alle Lebensbereiche regeln und mit dauernder Gewaltanwendung ein Klima der Angst schaffen.
Die Fortschritte von Medizin und Biologie erlauben die Optimierung der Natur des Menschen: Alle sind letzten Endes „gesund“ und mit gleichen positiven Anlagen ausgestattet; die Anwendung der wissenschaftlichen Fortschritte regelt die Gesellschaft bzw. der Staat im Interesse aller.	→ Hilfe ↕ Missbrauch ←	Die Fortschritte von Medizin und Biologie werden von skrupellosen Ärzten im Dienste der Herrschenden dazu missbraucht, um willkürlich Züchtung zu betreiben und Menschenwesen unterschiedlicher Qualität je nach ökonomischem Bedarf herzustellen.
Gesellschaftliche bzw. staatliche Machtausübung ist also nur insofern und in dem Maße notwendig und legitim, wie sie den menschlichen Schwächen abhilft bzw. gegensteuert, sie ist im Prinzip nicht inhuman.	→ Macht ← Modell Hirte | Modell Sklavenhalter	Die totalitäre Machtausübung ist absoluter Selbstzweck im Interesse einer Ideologie, eines Diktators, einer „Elite“-Schicht und gegenüber den Versklavten prinzipiell inhuman.
Das zugrunde liegende Menschenbild ist optimistisch. Der Mensch ist, wenn sanft geleitet, zur vernünftigen Einsicht, zum Verzicht auf Egoismus und damit zum Glück für alle fähig.		Das zugrunde liegende Menschenbild ist pessimistisch. Der Mensch ist grundsätzlich egoistisch, hat Lust an Macht und Besitz; um das egoistische Glück zu erreichen und zu garantieren, ist er zu jeder Inhumanität gegenüber anderen bereit.

9 Pro und contra Utopie

Die Diskussion um die Notwendigkeit bzw. Gefährlichkeit **politischen** utopischen Denkens wurde in der zweiten Hälfte des 20. Jahrhunderts zeitweise sehr lebhaft betrieben, vor allem rund um das Jahr 1968. Will man die eigene Position in dieser Frage mit einem prominenten Vordenker untermauern, so bieten sich als Protagonisten dieses Diskurses über das Für und Wider zwei bekannte Philosophen an: Ernst Bloch mit seinen Werken „Geist der Utopie" und „Das Prinzip Hoffnung" sowie Karl Raimund Popper mit „Die offene Gesellschaft und ihre Feinde".

9.1 Ernst Bloch

Ernst Bloch (1885–1977) hat utopisches politisches Denken immer verteidigt und vor allem auf dessen grundsätzliche **Wegweiserfunktion** hingewiesen.

Ernst Bloch

Wenn auch der im utopischen Entwurf formulierte Idealzustand nie hundertprozentig erreichbar ist, so sei mit ihm aber – wie auf einem Wegweiser – das **Ziel** benannt, auf das wir verantwortlichen Bürger unsere Gesellschaft bzw. unseren Staat hin entwickeln müssten. Ohne das Wissen um ein solches Ziel könne von „Entwicklung" sinnvollerweise nicht die Rede sein. Bloch zitiert in diesem Zusammenhang einen Satz von Bertolt Brecht aus „Mahagonny": „Etwas fehlt." Bloch sagt: „Was dies ist, weiß man nicht ... Was ist dieses Etwas? Es darf nicht ‚ausgemalt' werden, dann stelle ich es als bereits seiend dar; es darf aber nicht so eliminiert werden, als ob es nicht wirklich im praktischen Sinne das wäre, von dem man sagen könnte: ‚Es geht um die Wurst.'"

In einem Rundfunkgespräch mit seinem Freund und Kollegen Theodor W. Adorno finden sich folgende Überlegungen zur Utopie; vor allem betont Bloch drei unterschiedliche Schwerpunkte des utopischen Denkens unserer westlichen Tradition:

Bloch: Und dabei kommen wir auf das Gebiet des Freiheitspathos. Es ist mit den „Träumen vom besseren Leben", die die Sozialutopien ausmalten, verwandt, doch unterscheidet es sich auch von ihnen. In den Sozialutopien wird das bestmögliche Zusammenleben entweder durch Freiheit oder durch Ordnung bestimmt. Da ist die Freiheit eine Variable oder Hilfskonstruktion für das bestmögliche Leben. Freiheit als Pathos kommt nicht in der Utopie vor, sondern im Naturrecht, und zwar im liberalen Naturrecht des 18. Jahrhunderts, in Verbindung mit dem aufrechten Gang, in Verbindung mit menschlicher Würde, die nur durch Freiheit gewährt ist. Tell und die Dramen von Alfieri sind voll von solchen Freiheitsgestalten großen Stils, die auf sich selbst stehen und „in tyrannos!“ rufen. Darin findet sich Naturrecht, und es liegt ebenfalls im Rahmen von objektiv-realer Möglichkeit, ist aber nicht dasselbe wie soziale Utopie. Es gibt also zwei utopische Glieder: die Sozialutopien als Konstruktion eines Zustands, in dem es keine Mühseligen und Beladenen gibt, und Naturrecht als Konstruktion eines Zustands, in dem es keine Erniedrigten und Beleidigten gibt. Das ist das zweite. […]

Nun aber das dritte. Nicht das Wunder, sondern der Tod ist des Glaubens „liebstes Kind“, lässt sich dann eher sagen. Doch ein Wunder gehört dazu, den Tod aus dem Gesichtskreis zu bringen. Das heißt dann: Auferstehung Christi. Dieser Glaube, dieses andere: „Wer rettet mich vor dem Tode, vor den Kiefern des Todes?“, wie es in der Bibel heißt, im *Neuen Testament*, das ist doch transzendent, das können *wir* ja nicht machen. Da muss man nun Taufe, Tod Christi und Auferstehung dazuholen. Wodurch auch das Utopische in der Wahl seiner möglichen Mittel transzendiert wird. Und doch gehört es zur Utopie. […]

Adorno: Es gibt in der ganzen Utopie etwas tief Widerspruchsvolles, nämlich dass sie auf der einen Seite ohne die Abschaffung des Todes gar nicht konzipiert werden kann, dass aber auf der anderen Seite diesem Gedanken selber – ich möchte sagen – die Schwere des Todes und alles, was damit zusammenhängt, innewohnt. Wo dies nicht drin ist, wo die Schwelle des Todes nicht zugleich mitgedacht wird, da gibt es eigentlich auch keine Utopie. Und das – will mir scheinen – hat für die, ja, wenn ich das so grauslich ausdrücken darf, Erkenntnistheorie der Utopie eine sehr schwere Konsequenz, dass man nämlich die Utopie nicht positiv ausmalen darf. Jeder Versuch, die Utopie nun einfach zu beschreiben, auszumalen: so und so wird das sein, wäre ein Versuch, über diese Antinomie des Todes hinwegzugehen und so zu reden von der Abschaffung des Todes, als ob der Tod nicht wäre. […]

Was da gemeint ist, das ist eigentlich, um der Utopie willen zu verbieten, von der Utopie ein Bild zu machen, im tiefen Zusammenhang mit dem Gebot: „Du sollst dir kein Bild machen!“, das wahrscheinlich ebenso die Abwehr der zu billigen, der falschen, *der* Utopie ist, die sich es abkaufen lässt, was eigentlich gedacht war.

Bloch: Völlig einverstanden! […] Aber *das* besteht doch weiter, ein Nicht-Sein-Sollendes vom Utopischen her, von der Sehnsucht her nach einem In-Ordnung-Kommen oder einem „Überhaupt“, wo Freiheit wäre, wo alles richtig oder „im Lot“ wäre, in einem viel tieferen Sinn, einem umfassenderen Sinn, als die Sozialutopie es darstellte. Solche Sehnsucht ist vorhanden und es gibt – um auf den Tod zurückzukommen – die menschliche Todesangst, die von der Todesangst der Tiere grundverschieden ist. Es gibt also diese nicht „ausgepinselte", sondern reicher erfahrene Todesangst, die die Menschen haben, und das Gefühl, dass Zweckreihen abbrechen. Denn Utopie ohne Zweckreihen gibt es natürlich nicht, in einer nicht teleologischen Welt gibt es so etwas gar nicht. Mechanischer Materialismus kann keine Utopie haben, in ihm ist alles Gegenwart, mechanische Gegenwart. Also, dass hier eine solche Empfindlichkeit gegen ein Nicht-Sein-Sollendes besteht, zeigt, dass es Utopie auch in diesem Gebiet gibt, wo sie es am schwersten hat, und ich glaube, Teddy, hierin sind wir allerdings einig: Die wesentliche Funktion, die dann Utopie hat, ist eine Kritik am Vorhandenen. Wenn wir die Schranken nicht schon überschritten hätten, könnten wir sie als Schranken nicht einmal wahrnehmen.

Adorno: Ja, die Utopie steckt jedenfalls wesentlich in der bestimmten Negation, in der bestimmten Negation dessen, was bloß ist, und das dadurch, dass es sich als ein Falsches konkretisiert, immer zugleich hinweist auf das, was sein soll.

Karl-Otto Apel (Hg.): Praktische Philosophie / Ethik, Bd. 1, S. 410–413.

9.2 Karl Raimund Popper

Karl Raimund Popper (1902–1994) hat sich intensiv mit Platon auseinander gesetzt, den er für den Hauptverantwortlichen für die negative Tradition utopischen politischen Denkens hält. Er ist sich der Anziehungskraft utopischer Entwürfe durchaus bewusst:

Die utopische Sozialtechnik kann durch die folgende Argumentation plausibel gemacht werden. Jede rationale Handlung muss ein bestimmtes Ziel haben. Sie ist rational in eben dem Ausmaß, in dem sie ihr Ziel bewusst und konsequent verfolgt und in dem sie ihre Mittel diesem Ziel entsprechend festsetzt. […]

Auf das Gebiet politischer Tätigkeit angewendet, verlangen die angeführten Prinzipien die Festlegung unseres endgültigen politischen Ziels oder des idealen Staates, bevor irgendeine praktische Handlung unternommen wird. Nur dann, wenn dieses Ziel zumindest in rohen Umrissen bestimmt ist, wenn wir einen Bauplan der von uns angestrebten Gesellschaftsordnung besitzen, nur dann können wir beginnen, uns die besten Mittel und Wege zu ihrer Verwirklichung zu überlegen und einen Plan für praktisches Handeln aufzustellen. Die angegebenen Vorbereitungen sind für jede praktische politische Handlung notwendig, die die Bezeichnung „rational" verdient, insbesondere sind sie notwendig für den sozialen Aufbau selbst.

Das ist in kurzen Zügen das methodologische Vorgehen, das ich utopisch nenne. Es ist überzeugend und verführerisch. […]

Das macht die universalistisch-utopische Technik umso gefährlicher und ihre Kritik umso dringender.

Karl R. Popper: Die offene Gesellschaft und ihre Feinde, Bd. 1, S. 214 f.

Karl R. Popper

Poppers Kritik an dem – von ihm selbst in einer Kapitelüberschrift so bezeichneten – „Utopismus“ richtet sich *nicht* dagegen, sich Gedanken darüber zu machen, wie die mit kritischer Vernunft erkannten Mängel und Defizite der gegenwärtigen Welt behoben werden können; Zielvorstellungen akzeptiert er durchaus als möglich: Ein im Popper'schen Sinn „Reformpolitiker“ mag eine **„Skizze einer Gesellschaftsordnung“** vor Augen haben.

Wogegen Popper argumentiert, das sind seit Platon bestehende Grundschemata utopischen Denkens und – in dessen Folge und mit dessen Rechtfertigung – utopieverwirklichenden politischen Handelns:

- Der an *einem* geschichtlichen Zeitpunkt erdachte utopische Entwurf einer neuen Gesellschaft bzw. eines neuen Staates tut so, als gebe es keinen historischen Prozess, als lasse sich ein bisheriges System schlagartig durch ein neues ersetzen – das **widerspricht aller historischen Erfahrung** (auch z. B. bei der Russischen Revolution von 1917 ff.).

Die utopische Methode kann klarerweise nur dann von praktischem Wert sein, wenn wir annehmen, dass der ursprüngliche Entwurf, vielleicht mit gewissen Berichtigungen, bis zu seiner Vollendung die Grundlage der Arbeit bleibt. Aber die Arbeit wird einige Zeit in Anspruch nehmen. Diese Zeit wird voll sein von politischen und geistigen Revolutionen, neuen Experimenten und neuen Erfahrungen auf dem Gebiet der Politik. Es ist daher zu erwarten, dass sich die Ideen und die Ideale ändern werden. Was den Autoren des ursprünglichen Entwurfs als der ideale Staat vorschwebte, wird ihren Nachfolgern vielleicht nicht mehr im gleichen Lichte erscheinen. Aber damit bricht die ganze Methode zusammen: Eine Methode, nach der wir uns zuerst ein endgültiges politisches Ziel setzen und hierauf auf seine Verwirklichung hinarbeiten, wird wertlos, sobald wir zugeben, dass sich das Ziel im Verlauf seiner Verwirklichung beträchtlich ändern kann. In jedem Augenblick kann es sich herausstellen, dass die bisher unternommenen Maßnahmen sehr weit von der Realisierung des neuen Ziels wegführen. Und wenn wir unsere Richtung dem neuen Ziel gemäß ändern, dann setzen wir uns wieder derselben Gefahr aus. Es ist möglich, dass wir trotz aller Opfer keinem der Ziele näher kommen.

Karl R. Popper: Die offene Gesellschaft und ihre Feinde, Bd. 1, S. 218.

- Der utopische Entwurf soll **das bisherige System ersetzen:** Dies kann nur durch radikale, d. h. an die Wurzeln gehende Zerstörung des Bisherigen geschehen, ggf. auch einschließlich der Menschen, die das alte System repräsentierten bzw. trugen. Popper zitiert in diesem Zusammenhang eine literarische Figur: „Alles muss zertrümmert werden. Auf diese Weise müssen wir beginnen. Unsere ganze verdammte Zivilisation hat zu verschwinden, bevor wir auch nur ein bisschen Anständigkeit in die Welt bringen können." („Mourlan", in DU GARDS Les Thibaults).
  Dies widerspricht den tatsächlichen Änderungsnotwendigkeiten, es **etabliert willkürliche Gewalt** als Prinzip politischen Handelns und führt zur **Unmenschlichkeit.**

Dies sagt Platon im *Staatsmann* von den königlichen Herrschern, die [...] das Staatswesen leiten: „Ob sie nun nach dem Gesetz oder gesetzlos über willige oder unwillige Untertanen regieren; [...] Und ob sie den Staat um seines Besten willen reinigen, indem sie einige seiner Bürger töten oder deportieren [...] – solange sie nach den Regeln der Wissenschaft und der Gerechtigkeit vorgehen, den Staat bewahren [...] und ihn besser machen, als er war, muss diese Regierungsform die einzig richtige genannt werden." [...]

So also hat der Politiker vorzugehen. [...] Er muss die bestehenden Institutionen und Traditionen ausrotten. Er muss reinigen, austreiben, deportieren und töten. („Liquidieren" ist die abscheuliche moderne Bezeichnung dafür). Platons Darstellung ist in der Tat eine treffende Beschreibung der kompromisslosen Haltung aller Formen eines schrankenlosen Radikalismus – der Weigerung [...] einen Kompromiss zu schließen.

Karl R. Popper: Die offene Gesellschaft und ihre Feinde, Bd. 1, S. 225.

Die Ursachen für den Glauben an die Notwendigkeit, das Alte radikal zu beseitigen, liegen nach Poppers Überzeugung in **gedanklichen Fehlschlüssen** und in **psychischen Defekten:**

- Der eine **Fehlschluss** besteht darin, die Notwendigkeit zu akzeptieren, dass die Verwirklichung des utopischen Entwurfs eine streng zentralisierte Herrschaft einiger weniger verlangt; dies führt aller Wahrscheinlichkeit bzw. Erfahrung nach zur **Diktatur.**

Die irrationale Einstellung, die sich an Träumen von einer schönen Welt berauscht, nenne ich Romantizismus. Der Romantizismus mag sein himmlisches Staatswesen in der Vergangenheit oder in der Zukunft suchen; er mag „Zurück zur Natur" predigen oder „Vorwärts zu einer Welt der Liebe und Schönheit"; aber er wendet sich immer an unsere Gefühle, und niemals an unsere Vernunft. Sogar mit der besten Absicht, den Himmel auf Erden einzurichten, vermag er diese Welt nur in eine Hölle zu verwandeln – eine jener Höllen, die Menschen für ihre Mitmenschen bereiten.

Jede Meinungsverschiedenheit zwischen den utopischen Technikern muss daher in Ermangelung rationaler Methoden zum Gebrauch der Macht anstelle der Vernunft, das heißt zur Gewaltanwendung führen.

Karl R. Popper: Die offene Gesellschaft und ihre Feinde, Bd. 1, S. 227 f.

- Ein **psychologisches Problem** stellt die **Selbstüberhöhung des einzelnen Philosophen** dar. Er sieht sich als gottähnlichen schöpferischen Künstler, der eine neue vollkommene, d. h. harmonische *und* schöne Welt erschafft und für den Menschen Material für dieses Kunstwerk sind.

Nirgends finden wir diesen Ästhetizismus stärker ausgedrückt als bei Platon. [...] Die reine Dialektik, so wie sie Platon versteht, ist das intellektuelle Erschauen einer Welt von reiner Schönheit. Seine ausgebildeten Philosophen sind Männer, die „die Wahrheit des Schönen, des Gerechten und des Guten gesehen haben“ und die das Gute, die Schönheit, die Gerechtigkeit und die Wahrheit vom Himmel auf die Erde herabbringen können. Die Politik ist für Platon die königliche Kunst. [...]

Sie ist eine Kunst der Komposition wie die Musik, das Malen oder die Architektur. Der platonische Politiker komponiert Staaten – um ihrer Schönheit willen.

Hier aber muss ich Einspruch erheben. Ich glaube nicht, dass man Menschenleben als Mittel verwenden darf, um das Ausdrucksbedürfnis eines Künstlers zu befriedigen. Wir müssen, genau umgekehrt, verlangen, dass jedermann das Recht haben soll, sein eigenes Leben zu gestalten, wie er will, solange er dadurch das Leben anderer nicht zu sehr stört. So sympathisch mir der ästhetische Trieb auch ist, ich bin dafür, dass sich der Künstler zum Ausdruck seiner Ideen ein anderes Material wähle. Ich verlange, dass die Politik die Prinzipien der Gleichberechtigung und des Individualismus aufrechterhält. [...]

Wie Archimedes, so verlangt der politische Künstler nach einem Punkt außerhalb der sozialen Welt, wo er Fuß fassen kann, um sie aus den Angeln zu heben. Aber ein solcher Punkt existiert nicht; und die soziale Welt muss während jedes Umbaus weiterfunktionieren. Das ist der einfache Grund warum wir ihre Institutionen nach und nach reformieren müssen, bis wir über größere Erfahrungen im sozialen Bauen verfügen.

Dies führt uns nun zum wichtigeren zweiten Punkt, zu dem Irrationalismus, der im Radikalismus enthalten ist. Wir können jederzeit nur durch Versuch und Irrtum lernen, also dadurch, dass wir Irrtümer machen und unsere Erfahrungen verbessern; wir können uns niemals auf Inspirationen verlassen, obgleich Inspirationen höchst wertvoll sein mögen, solange sie sich an der Erfahrung überprüfen lassen. Es ist daher unvernünftig, anzunehmen, dass eine völlige Rekonstruktion unserer sozialen Welt sogleich zu einem arbeitsfähigen System führen wird.

Karl R. Popper: Die offene Gesellschaft und ihre Feinde, Bd. 1, S. 224, 226 f.

Popper hat sein Werk ausdrücklich „dem Andenken Immanuel Kants, des Philosophen der Freiheit, der Menschlichkeit und des Gewissens gewidmet" (S. 5). Daher richtet sich seine intensivste und leidenschaftlichste Kritik auch dagegen, dass nicht erst im Versuch der politischen Verwirklichung, sondern auch schon in den theoretischen Grundüberlegungen Menschen entmenschlicht werden, indem sie zum Material eines Sozialexperiments oder eines politischen „Kunstwerks" herabgewürdigt werden. Dass Menschen von anderen Menschen nie nur als Mittel zum Zweck benutzt werden dürften – darauf hatte Kant als dem Grundfundament aller Ethik bestanden.

- Ein weiterer **Fehlschluss** besteht darin, den kritisierten Jetzt-Zustand auf eine einzige Ursache (z. B. Privateigentum) zu reduzieren; diese **Monokausalität** wird der Komplexität gesellschaftlicher bzw. politischer Probleme nicht gerecht;

Was ich als utopische Sozialtechnik kritisiere, ist der Vorschlag des völligen Neubaus der Gesellschaftsordnung als ganzer, ein Vorschlag, dessen Verwirklichung zu sehr weitgehenden Veränderungen führen muss und dessen praktische Konsequenzen sich wegen unserer beschränkten Erfahrung nur schwer abschätzen lassen. Die utopische Sozialtechnik behauptet, rational für die ganze Gesellschaft zu planen, obgleich wir keinesfalls jenes Ausmaß an Tatsachenwissen besitzen, das notwendig wäre, um einen so ambitiösen Anspruch auch nur einigermaßen zu rechtfertigen. Wir können ein solches Wissen nicht besitzen, weil wir in dieser Art des Planens nur ungenügende praktische Erfahrung haben und weil sich die Kenntnis von Tatsachen auf die Erfahrung stützen muss. Das zur Anwendung einer Sozialtechnik im großen Maßstab nötige soziologische Wissen existiert einfach nicht. […]

Auch muss die utopische Methode zu einem gefährlichen dogmatischen Festhalten an einem Entwurf führen, für den bereits zahllose Opfer gebracht worden sind. Mächtige Interessen sind mit dem Erfolg des Experiments verbunden.

Karl R. Popper: Die offene Gesellschaft und ihre Feinde, Bd. 1, S. 219–221.

- Der dritte **Fehlschluss** liegt in der Vorstellung, nur aus der völligen **Zerstörung des alten Schlechten** könne das gute Neue hervorgehen; darin lebt der alte Tod-Auferstehungs-Zusammenhang wieder auf, den der Mythos vom „Phoenix aus der Asche" ins Bild gefasst hatte.

[…] es gibt ein Element des Utopismus, das […] unter den Elementen, die ich als unrealistisch angegriffen habe, vielleicht die wichtigste Rolle spielt. Ich meine die großen Perspektiven des Utopismus, sein Versuch, sich mit der Gesellschaft als Ganzes zu beschäftigen und keinen Stein auf dem anderen zu lassen; die Überzeugung, dass man bis zur Wurzel des sozialen Übels vordringen müsse, dass nur die völlige Ausrottung des Anstoß erregenden sozialen Systems „ein bisschen Anständigkeit in die Welt bringen könne" (wie sich du Gard ausdrückt); kurz gesagt, sein kompromissloser *Radikalismus*. Der Leser wird bemerken, dass ich dieses Wort in seinem ursprünglichen und buchstäblichen Sinn verwende, nicht in dem neuen Sinn eines „liberalen Progressivismus", sondern zur Charakterisierung einer Haltung, die „den Dingen auf den Grund (auf die Wurzel) geht." Sowohl Platon als auch Marx träumen von der apokalyptischen Revolution, die die ganze soziale Welt radikal umgestalten wird.

Karl R. Popper: Die offene Gesellschaft und ihre Feinde, Bd. 1, S. 223, 227.

- Ein weiteres **psychisches Problem** bedeutet die **Selbstüberhebung des einzelnen Philosophen,** der behauptet, er habe das einzige Heilungskonzept für die aus dem Lot geratene Welt; da es aber mehrere Philosophen mit unterschiedlichen, also konkurrierenden Entwürfen zur Rettung der Welt gibt, muss dies bei der Verwirklichung des jeweiligen Wahrheitsanspruchs zum Krieg der Ideologien führen;

Wir sehen nun, dass sich das Vorgehen der Utopisten nur durch den platonischen Glauben an *ein* absolutes und unveränderliches Ideal retten lässt, zusammen mit zwei weiteren Annahmen, nämlich a) der Annahme, dass es rationale Methoden gibt, die uns ein für allemal festzustellen gestatten, wie dieses Ideal beschaffen ist, und b) der Annahme, dass es rationale Methoden gibt, die uns die besten Mittel zu seiner Verwirklichung lehren. […]

Karl R. Popper: Die offene Gesellschaft und ihre Feinde, Bd. 1, S. 219.

Die ohne Radikal-Utopie auskommende **Verbesserungsmethode** Poppers sieht folgendermaßen aus:

Ein Politiker, der sich die Technik des schrittweisen Umbaus der Gesellschaftsordnung zu Eigen macht, mag eine Skizze einer Gesellschaftsordnung vor Augen haben; er mag hoffen, dass die Menschheit eines Tages einen idealen Staat verwirklichen und Glück und Vollkommenheit auf Erden erreichen wird. Wie dem auch sei – er wird auf jeden Fall einsehen, dass sich die Vollkommenheit, wenn sie sich überhaupt erreichen lässt, in weiter Ferne befindet und dass *jede* Generation von Menschen, also auch die jetzt lebende, ihre Rechte hat; vielleicht nicht so sehr ein Recht auf Glück – denn es gibt keine institutionellen Mittel, um einen Menschen glücklich zu machen –, aber doch ein Recht, nicht unglücklich gemacht zu werden, soweit sich dies durchführen lässt. Den Leidenden steht ein Recht auf alle nur erdenkliche Hilfe zu. Dementsprechend wird sich der Anwalt der Ad-hoc-Technik nach den größten und dringlichsten Übeln in der Gesellschaft umsehen, und er wird versuchen, sie zu beseitigen; er wird nicht dem größten Gut nachspüren und sich für seine Verwirklichung einsetzen. Dieser Unterschied ist durchaus nicht bloß verbal. Er ist in Wirklichkeit von größter Bedeutung. Es ist der Unterschied zwischen einer vernünftigen Methode zur Verbesserung des Geschicks der Menschheit und einer Methode, die, wenn sie wirklich ausprobiert wird, leicht zu einer unerträglichen Zunahme menschlichen Leidens führen kann. Es ist der Unterschied zwischen einer Methode, die sich in jedem Augenblick anwenden lässt, und einer Methode, deren Befürwortung leicht zu einer ständigen Verschiebung des Handelns auf einen späteren Zeitpunkt führen kann, wenn die Bedingungen günstiger sind. Und es ist auch der Unterschied zwischen der einzigen Methode zur Verbesserung der Umstände, die bisher, zu jeder Zeit und an jedem Ort wirklich erfolgreich gewesen ist […], und einer Methode, die, wo immer sie versucht wurde, nur zum Gebrauch von Gewalt anstelle von Vernunft und, wenn nicht zu ihrer eigenen Aufgabe, so doch zur Aufgabe des ursprünglichen Zieles geführt hat.

Karl R. Popper: Die offene Gesellschaft und ihre Feinde, Bd. 1, S. 215.

Zusammenfassung: Pro und contra Utopie

Wer für die Notwendigkeit utopischen Denkens argumentieren will, muss nach Ernst Bloch die **Wegweiserfunktion** und die **unauslöschliche Sehnsucht nach dem Besseren** in den Vordergrund rücken.
Wer wie Karl R. Popper utopie-kritisch argumentiert, wird die **Gefahren** betonen: den Irrglauben, im Besitz der Wahrheit zu sein; den Anspruch, diese Wahrheit allen anderen aufzuzwingen; der Menschen verachtende Totalitarismus als Ergebnis von beidem.

Religiöse Glücksvorstellungen

1 Der Begriff des Glücks in der Religion

Die Formulierung „Religiöse Glücksvorstellungen“ erweckt den Eindruck, als wollten auch die Religionen Handlungsanleitungen dafür geben, wie man im irdischen Leben glücklich werden kann. Philosophische Entwürfe untersuchen, unter welchen Bedingungen menschliches Leben auf dieser Erde glücken kann. Alltagsweisheiten geben in Form von Sprichwörtern wie „Jeder ist seines Glückes Schmied“ oder „Glück im Spiel – Pech in der Liebe“ innerweltliche Erfahrungen von Glück und Unglück weiter. Demgegenüber spielt das Wort „Glück“ im religiösen Bereich faktisch keine Rolle. Denn für die Religionen – betrachtet man die globalen Kulturkreise in den letzten zwei- bis dreitausend Jahren – ist die beste, d. h. glücklichste Existenz, die der Mensch sich vorstellen kann, von ganz anderer Art und Qualität als alles Gute, was er in diesem irdischen Dasein erlebt. Dieser **inhaltliche Unterschied** hat dazu geführt, dass auch sprachlich zwischen mehreren Begriffen unterschieden wurde. Im Deutschen tritt dem weltgebundenen Glück die **Seligkeit** als spezifisch religiöses Wort gegenüber – spätestens, seit sich Luthers Bibelübersetzung sprachnormierend durchgesetzt hat. Das aus uralter indogermanischer Wurzel stammende Wort, das in allen Ausformungen einen „angenehmen Zustand“ bezeichnet hat, wurde verwendet, um die lateinische **beatitudo** zu übersetzen.

Ein zweiter grundlegender Unterschied zu allen innerweltlichen Glücksvorstellungen liegt in der **Zeitperspektive:**

- die letzte positivste Existenz kann der Mensch erst nach seinem Tod als biologisches Wesen erreichen und
- diese positivste Existenz hat keine zeitliche Begrenzung, sie ist – mit dem religiösen Begriff formuliert – „ewig“.

In der Vorstellung einer anderen Existenz nach dem Leben wird das zeitliche Ende des biologischen Lebens überschritten (transzendiert). Dies hat weit reichende Folgen für das Denken und Reden über diesen Bereich. Denn damit sehen wir uns dem Grundproblem aller Theologie gegenüber: Es soll mit den Mitteln unserer – innerweltlichen – Sprache über etwas nachgedacht und geredet werden, das jenseits unserer unmittelbaren Erfahrungsmöglichkeiten liegt.

Der innerweltlich nachdenkende Philosoph	Der auf eine Transzendenz hin denkende Theologe
Er braucht, um seine Glücksvorstellungen darzulegen, „nur" in den vorhandenen Vorrat menschlicher Erfahrungen zu greifen und kann erwarten, verstanden zu werden. Denn jeder kann sich unter der „Mitte zwischen den Extremen" (Aristoteles), unter „Gleichmut und Unerschütterlichkeit der Seele" (Stoà) oder unter „maßvollem privatem Lebensgenuss" (Epikur) aufgrund der eigenen Erfahrungen **etwas** vorstellen, etwas real vor Augen stellen.	Er würde, wenn er für die Beschreibung des Glücks die positiven Erfahrungen der Menschen nur über den biologischen Tod hinaus verlängern und bis zum äußersten Grad intensivieren würde, eine rein quantitative Erweiterung innerweltlichen Glücks, aber keine *qualitative* Veränderung zeigen. Er kann aber die qualitativ andere Existenz des Menschen „im Paradies" bzw. „in der ewigen Seligkeit" nicht direkt aufgrund konkreter Erfahrungen benennen und beschreiben: **Wie** das zukünftige Glück sein wird, ist auf diesem Weg nicht fassbar. Die Folge könnte sein, dass konsequenterweise niemand über dieses Wie Aussagen macht. Das würde aber weder das menschliche Streben nach Erkenntnis befriedigen noch alle Möglichkeiten ernsthaften theologischen Denkens bzw. Redens ausschöpfen.
Für den innerweltlich bezogenen Philosophen ist also schnell klar, **worin** für ihn der Glückszustand des Menschen besteht. Er kann sich ganz darauf konzentrieren, mit anderen Philosophen den Diskurs darüber auszutragen, wer das **bessere** Glückskonzept hat. In diesem Diskurs versucht er, die Menschen von seinem Weg zum Glück zu überzeugen, ihnen klarzumachen, auf welche Weise der Mensch glücklich werden kann – in seinem zeitlich begrenzten Leben.	Im religiösen Bereich fehlt die Konkurrenzsituation unterschiedlicher Glückskonzepte – es gibt im Bereich der monotheistischen Hochreligionen, so weit sie die Transzendenzvorstellung einer Existenz nach dem Tod akzeptieren, nur *ein* unstrittiges Denkmodell für die letzte Glücksexistenz des Menschen. Parallelen zum philosophischen Denken bestehen in der Frage, auf welchem Weg der Mensch an dieser letzten Glücksexistenz teilhaben kann. Hier entwickelten die verschiedenen kulturellen Traditionen und religiösen Denksysteme im Laufe der Geschichte sehr unterschiedliche, sich neben- und gegeneinander behauptende Antworten.

2 Das Erfassen des „Unfassbaren" in Denken und Sprache

Im Laufe der Religionsgeschichte haben sich unterschiedliche Denk- und Formulierungsmodelle herausgebildet, um das „Unbegreifliche" doch zu erfassen. Auch heute noch wenden wir diese Modelle an, um bei einem schwierigen Vorstellungs- und Verständnisproblem zu einer zufrieden stellenden Lösung zu gelangen.

2.1 Der Mythos

Zu den ältesten Modellen gehört der Mythos. Er beantwortet eine existenziell wichtige Frage, die nicht anders geklärt werden kann, mithilfe einer **Erzählung,** zum Beispiel der Schöpfungsgeschichte der Bibel (Genesis 1,1–2,4).

Die Frage „Warum gibt es die Welt?" kann bis heute naturwissenschaftlich nicht beantwortet werden. Da eine Antwort aber für die Menschen damals als Fundament der eigenen Existenz notwendig war, wurde ein Mythos formuliert, der die Frage beantwortet. Er tut dies, indem er einen Ablauf in der Zeit, eine **Geschichte** erzählt, die die Verursachung des erklärungsbedürftigen Faktums enthält: Gott hat die Welt handelnd erschaffen – und zwar dadurch, dass er seinen Willen, sie solle sein, in Worten aussprach: „Und Gott sprach, es werde …".

In allen Religionen wurden auf einer bestimmten Entwicklungsstufe Erscheinungen, deren Erklärung für die Menschen existenziell notwendig war, durch Mythen erschlossen: Anfang, Lauf und Ende des Kosmos oder der Mensch und sein Verhältnis zu Gott bzw. den Göttern.

Da der Mythos aber „nur" Fragen über unsere reale Welt beantwortet, war er offenbar nicht geeignet, die Frage nach dem Wie des „Paradieses", der „ewigen Seligkeit" zu beantworten. Es lässt sich keine eigene Geschichte erzählen, dass eine Gottheit etwas bestimmtes *tut,* wenn man beschreiben will, was jenseits der Kategorien von Raum und Zeit *ist.* Konsequenterweise gibt es daher zwar Mythen über das Ende unserer Welt (z. B. in der biblischen Apokalypse, die dem Apostel Johannes zugeschrieben wird), aber keinen Mythos über das „Paradies" nach dem Ende der Welt und aller Zeit.

2.2 Metaphern

Eine weitere, seit alters her benutzte Möglichkeit, um „Unbegreifliches" zu beschreiben, ist die Verwendung von **Bildwörtern,** von Metaphern. In ihnen wird versucht, wesentliche Charakteristika der „anderen" Realität in einer Art Vergleich zu veranschaulichen. Wie die Wörter „Bild" und „anschaulich" zeigen, geht es nicht so sehr um rational-logische Erläuterungen mit dem Ziel des Verstehens, sondern um ein **Zeigen:** Das vom Sprecher/Schreiber mit den Mitteln der Sprache erzeugte und vom Hörer/Leser aus seinem Vorstellungsreservoir mit Assoziationen gefüllte Bild **verweist** auf die qualitativ andere Wirklichkeit jenseits der unseren. So spricht z. B. die Offenbarung des Johannes von dem „Neuen Jerusalem", um die Situation der endgültig erlösten und erneuerten Welt zu kennzeichnen. Mit dem Bildwort „Jerusalem" verbinden sich für den Hörer bzw. Leser Assoziationen wie „Stadt", „Stadt auf dem Berg", „Heiliger Ort" oder „Mittelpunkt der Welt", womit auf wesentliche Teilaspekte der transzendenten Wirklichkeit hingewiesen wird.

Die Metapher zeigt allerdings immer nur auf einen Teil, nie auf das Ganze. So entstehen zahlreiche und auch sehr verschiedene Metaphern, um den unterschiedlichen Wesensmerkmalen des Einen gerecht zu werden, über das nachgedacht und geredet werden soll.

Da die Metapher – im Unterschied zum ausformulierten Vergleich – die Trennungsformel „... ist wie ..." zwischen den beiden Hälften des Vergleichs nicht kennt, konnte es im Laufe der Zeit leicht geschehen, dass die metaphorischen Hilfsbilder als Benennung bzw. Beschreibung von Realität wahrgenommen wurden, sodass die Menschen glaubten, sie wüssten nun wirklich, wie diese zukünftige andere Wirklichkeit *ist.*

So ist die Bildersprache in Metaphern letztlich ein zweischneidiges Schwert: Einerseits ist in ihr überhaupt erst eine Möglichkeit gegeben, über das Transzendente nachzudenken und miteinander zu reden; andererseits birgt sie die Gefahr, dass das vergleichende, hinweisende, zeigende Bild als die Sache selbst fehlinterpretiert wird und damit eine falsche und irreführende Wissenssicherheit über das Transzendente entsteht. Dieser Gefahr sind die Menschen im Laufe der Religionsgeschichte immer wieder erlegen.

Das Denken und Reden in metaphorischen Bildern haben vor allem diejenigen Strömungen in den Religionen betont und entwickelt, denen rationales Nachdenken und Reden nicht genügte, da es ihrer Ansicht nach die Fülle der transzendenten Wirklichkeit nicht erfassen kann, und die deshalb nach ergänzenden oder alternativen Erkenntniswegen suchten, beispielsweise die mystische Tradition in allen Hochreligionen, aber auch die Gnostiker, die rationalem Denken grundsätzlich misstrauten, da sie in ihm eine negative Gegenmacht sahen.

2.3 Die Vernunft des Menschen

Ein drittes Denk- und Redemodell verlässt sich auf die Vernunft des Menschen als eine grundlegende Erkenntnisquelle. Dabei wird angenommen, dass der Mensch auf rationalem Weg Aussagen über die andere bzw. zukünftige Wirklichkeit machen kann. Allerdings müssen bei der Rede vom Jenseitigen bzw. von Gott zwei Grundannahmen vorausgesetzt werden:

- Es wird angenommen, dass sich Gott dem Menschen in mehrfacher Weise offenbart, dass der Mensch diese Selbsterschließung Gottes **wahrnehmen** und – da Gott ihn als Vernunftwesen geschaffen hat – **verstehen** kann.
  Nach jüdischer Vorstellung geschieht diese Selbsterschließung in der Schöpfung und in der Geschichte.
  Nach christlicher Vorstellung geschieht sie in der Schöpfung, in der Geschichte und in Jesus Christus.
  Nach muslimischer Vorstellung geschieht die Selbsterschließung Gottes in der Schöpfung und im Koran als zeitunabhängig geoffenbartes Wort Gottes.
  Weil Gott selbst offen legt, wer er ist, wer der Mensch als Gottes Geschöpf ist und wie das Verhältnis zwischen beiden sein soll, versetzt er den Menschen in die Lage, diese wahrgenommene und erkannte Selbsterschließung in Aussagen zu formulieren, die ihrerseits auf Gott verweisen.
- Es wird angenommen, dass die in der jetzigen endlichen Welt begonnene Selbsterschließung Gottes in der anderen, zukünftigen Welt vollendet werden wird. Das heißt aber auch, dass das, was jetzt schon in der Entfaltung dieser Selbsterschließung über Gott, den Menschen und das Verhältnis zwischen ihnen gesagt werden kann, im Grundsatz **qualitativ dasselbe** ist, wie das, was darüber im Hinblick auf die andere, zukünftige Wirklichkeit gesagt werden könnte.
  Wenn wir Gott also aufgrund seiner Selbsterschließung als den liebenden Gott erkennen, der für jeden Menschen als personales Individuum das Heil will, der jedem Menschen als Person, als Du begegnet, der mit den Menschen unterschiedlichste Arten von Gemeinschaft eingeht (z. B. den Bund Jahwes mit dem Volk Israel, die Gemeinschaft Jesu mit den Jüngern, die Gemeinschaft der Christen mit Gott in Eucharistie/Abendmahl, die Gemeinschaft der Muslime mit Gott in Opfer und Wallfahrt), dann kann von

all diesen Aussagen, die auf Aspekte der Wirklichkeit Gottes hinweisen, gesagt werden, dass sie auch für die Situation nach dem Ende der jetzigen Welt zutreffen: Gott wird auch dann dem Menschen als der absolut Liebende begegnen.

Unsere Möglichkeit, Gott in seiner Selbsterschließung zu erkennen, bleibt aber trotz allen vernünftigen Bemühens bruchstückhaft und unvollständig – dies ist die Folge der Endlichkeit unserer Welt und unserer selbst. Im Unterschied dazu wird die (von Christen traditionell als *beatitudo,* als „Ewige Seligkeit" benannte) endgültige Existenz des Menschen in jeder Hinsicht **vollkommen** sein.

Indem also die Theologie die einzelnen Aspekte der Selbsterschließung Gottes jeweils für ihre Zeit entfaltet und verständlich macht, redet sie implizit zugleich von der letzten, zukünftigen Existenz des Menschen in Gemeinschaft mit dem personalen Gott. Sie redet – traditionell gesprochen – über das Paradies.

In solo igitur deo beatitudo hominis consistit.
Allein in Gott besteht das Glück des Menschen.
Thomas von Aquin: Summa theologiae I/II q. 2, art. 8

Zusammenfassung: Das Erfassen des „Unfassbaren" in Denken und Sprache

Im Unterschied zur Philosophie wird im religiösen Bereich kaum von „Glück" gesprochen, sondern stattdessen von *beatitudo* (lat.) oder „Seligkeit". Dies hängt mit der **anderen Qualität** des beschriebenen Zustands zusammen: Die Religionen denken den äußersten positiven Zustand des Menschen nicht innerweltlich, sondern transzendent als größtmögliche Nähe zu Gott bzw. als Gemeinschaft mit Gott. Daraus folgt unausweichlich das Problem, wie wir Menschen, in den Begrenzungen von Raum und Zeit lebend, über die zukünftige Existenz in der **Transzendenz** denken und reden können. Als Hilfskonstruktion ist **mythisches** und **metaphorisches Denken** bzw. Reden entstanden. Beide bergen aber die Gefahr in sich, dass die zeigende Geschichte bzw. das **zeigende Bild als die Sache selbst missverstanden** werden.
Vernünftiges Denken versucht, die Selbsterschließung Gottes zu verstehen und den Mitmenschen zu erklären. Sie ist damit allerdings ebenfalls notwendigerweise relativ, denn sie ist kulturkreis- und zeitgebunden.

3 Archaische Paradiesvorstellungen

3.1 Das Paradies AM ANFANG der Welt und IN der Welt

Um in einer mythischen Geschichte zu erklären, weshalb das Geschehen auf der Erde und für die Menschen nicht vollkommen glücklich ist, wird erzählt, wie eine ursprünglich harmonische Ordnung vom Menschen willentlich verletzt wird und er selbst deshalb aus der unmittelbaren Gemeinschaft mit Gott, der diese Ordnung gestiftet hat, vertrieben wird. Um das erlebte Negative zu erklären, muss ein vorher bestehendes und jetzt verlorenes Positives gezeigt werden.

Am bekanntesten ist dieser Mythos, wie er in der Paradiesgeschichte des Alten Testaments erzählt wird. Im Buch Genesis wird eine vorgefundene Überlieferung des Vorderen Orients verarbeitet: das irdische Paradies als Urwohnung der Menschen.

> Gen 2,8 Dann pflanzte Gott, der Herr, einen Garten in Eden gegen Osten und setzte den Menschen darein, den er gebildet hatte.
> 9 Und Gott, der Herr, ließ allerlei Bäume aus der Erde wachsen, lieblich anzusehen und gut zu essen, und den Baum des Lebens mitten im Garten, und den Baum der Erkenntnis des Guten und Bösen.
> 10 Es entspringt auch ein Strom in Eden, den Garten zu bewässern [...]
> 15 Und Gott, der Herr, nahm den Menschen und setzte ihn in den Garten Eden, dass er ihn bebaue und bewahre.

Das Anfangs-Paradies ist der Ort der unmittelbaren Gemeinschaft des Menschen mit Gott – im Garten Eden begegnen sich beide und reden miteinander:

> Gen 3,8 [...] sie hörten, wie Gott, der Herr, in der Abendkühle im Garten wandelte.
> 9 Und Gott, der Herr, rief den Menschen und sprach zu ihm [...]

Paradies
Lateinisch *paradīsus*, übernommen aus griechisch *parádeisos;* daneben späthebräisch *pardēs*. Im Griechischen und Hebräischen bedeutet es jeweils „Baumgarten", „Park" und ist dem altiranischen Wort *pairi daeza* entlehnt, das „Umwallung", „Umzäunung", aber auch schon „Garten" bedeutete.

Der Mensch verliert dieses Anfangs-Paradies, dieses Ur-Glück, in dem Augenblick, als er dem Willen Gottes in freier Entscheidung zuwiderhandelt. Gott stattete sein Geschöpf Mensch mit Entscheidungsfreiheit aus, weil er keine willenlose Marionette als „Gegenüber" wollte. Die Geschichte der „Vertrei-

Der mittelalterliche Buchmaler zeigt den Garten Eden mit Pflanzen und Tieren, Gott als Einheit von Gottvater und Christus sowie Adam und Eva in Verehrungshaltung. Die Menschen sind Gott ganz nahe und gleich (groß) wie er! Gott weist auf den Baum der Erkenntnis, von dem sie keine Frucht essen sollen.

bung aus dem Paradies" erklärt, weshalb der Mensch nicht mehr in unmittelbarer Gemeinschaft mit Gott lebt: Der Mensch war frei, sich gegen diese Gemeinschaft zu entscheiden. Die sehnsüchtige Erinnerung an das **Anfangsglück** konnte später zur Quelle der Hoffnung auf ein kommendes zweites Paradies werden – allerdings erst, als die Vorstellung eines Lebens nach dem Tod sich durchsetzte, die das alte Judentum noch nicht kannte.

Zusammenfassung: Das Paradies am Anfang der Welt und in der Welt

Es gab am Anfang der Welt einen **Zustand höchsten Glücks,** als Gott und Mensch im Paradies zusammenlebten. Diese Gemeinschaft hat der Mensch verloren, als er sich in freier Entscheidung dem Willen Gottes widersetzte: Der Verlust des Urglücks ist der Preis der menschlichen Freiheit.

3.2 Das Paradies AM RANDE der Welt

Viele Mythen aus anderen Kulturkreisen über den Anfang der Welt und des Menschen kennen keine ursprüngliche unmittelbare Gemeinschaft von Göttern und Menschen. In einem der griechischen Mythen entstehen die Menschen, als ein Gott Drachenzähne in den Erdboden sät: Aus ihnen „gehen" die Menschen „auf" – hier ist die Erdzugehörigkeit des Wesens Mensch, seine Distanz zu den Göttern von Anfang an definiert.

Andererseits entwickeln sich Vorstellungen von der Existenz des Menschen **nach seinem (biologischen) Tod.** Die älteren Vorstellungen im Raum des Vorderen Orients und des östlichen Mittelmeeres von einem Totenreich (bei den Stromkulturen an Nil, Euphrat und Tigris) enthalten eine Art spiegelbildlicher Fortsetzung des Erdenlebens oder beschreiben in der griechisch-römischen Tradition ein buchstäblich graues Schattenreich im Hades/Orkus. Dessen Bewohner werden von gelegentlichen Besuchern (z. B. Herakles, Odysseus) durchaus nicht als zufrieden oder gar glücklich erlebt.

Im Gesamtsystem der alten Religionen gab es allerdings auch Bilder von einem **glücklichen Leben nach dem Tod.** Die Griechen kannten das Elysium, die „Insel der Seligen", wie die gängige Übersetzung lautet.

Das Elysium

In den griechischen Berichten über die Unterwelt (Tartaros, Erebos, Orkus, Hades) sind zwei urtümliche grundlegende Jenseitsvorstellungen vermischt.

- Der eine Traditionsstrang lokalisiert das Totenreich weit entfernt jenseits des die Erde umschließenden Meeres, des Okéanos. Die die Unterwelt umgebenden Flüsse, der Seelenfährmann Charon und die Elysium-Gefilde jenseits der Wasser gehören zu diesem Strang.
- Der andere ist der eigentliche Tartaros tief unter der Erde, zu dem man durch verschiedene Eingänge hinabsteigen muss.

Die Totenrichter Minos, Rhadamantys und Aiakos sitzen über die Seelen zu Gericht. Homer erzählt von Rhadamantys auch als dem König des Elysium.

Ins Elysium konnte nur eine Elite gelangen: Heroen, also Helden, deren Taten menschliches Maß überschritten hatten, später auch die „Frommen", dürfen in die vom Lethe, dem Strom des Vergessens, umflossenen Gefilde der Seligen, wo sie in ewiger Glückseligkeit leben. Es gibt **keine genauere Beschreibung der Glückseligkeit im Elysium.**

Für die Durchschnittsgriechen blieb dieses Elysium unerreichbar – ebenso wie der im Totenreich weiterexistierende Pharao und sein Hofstaat für den ägyptischen Bauern unerreichbar war.

Auffallend ist, dass solches Weiterleben nach dem Tod in vielen Kulturen vorgesehen war: von den „Ewigen Jagdgründen" der nordamerikanischen Indianer über das Walhall der Germanen und das Avalon der Kelten bis zum

Weißwasserland der Sibirjaken im Altaigebirge. Die Bilder, in denen vom Weiterleben berichtet wird, ähneln sich stark: Es ist immer ein fruchtbares Gefilde, vom Wasser des Lebens in Flüssen, Seen und Brunnen getränkt, es herrscht ein mildes Klima, leichte Winde erfrischen die Bewohner, Speise und Trank reicht ihnen der Garten der Natur von selbst dar, die hellen Häuser, die sich zur Stadt fügen können, sind mit allem geschmückt, was in alter Zeit zugleich als kostbar und schön galt, und Garten und Stadt erstrahlen unter der immer leuchtenden Sonne.

Woher haben die Lebenden Kunde von diesem Ort der Seligen? Es gibt – allerdings selten – die Möglichkeit, als Lebender dorthin und auch wieder zurück zu kommen, um den Mitmenschen zu berichten. Nach sibirischer Tradition z. B. können in jedem Jahrhundert sieben auserwählte Menschen Weißwasserland besuchen – sechs kehren zurück und berichten, einer bleibt dort.

Im Spätmittelalter erlebte die Gartenvorstellung vom Paradies noch einmal eine Blüte im Rahmen der Volksfrömmigkeit und verbindet sich hier mit der Marienfrömmigkeit: Das Göttliche, in dessen unmittelbarer Nähe die Erlösten existieren, ist nicht durch Gott bzw. Christus repräsentiert, sondern durch Maria. Im Garten herrscht Überfluss an allen guten und schönen Dingen: Blumen, Fruchtbäumen, Quelle, Musik (stellvertretend für die Kunst), Gespräch zwischen Mensch und Engel (stellvertretend für geistige Dinge). Das Böse ist besiegt und tot und auf Spielzeuggröße geschrumpft (rechts unten: Drache); Oberrheinischer Meister, um 1410.

Das Erreichen des endgültigen Glückszustands

Alle dem **Elysium** entsprechenden Paradiesvorstellungen gehen davon aus, dass es eine Art **Belohnung** für die Lebensleistung des Menschen ist, nach dem Tod in die Gefilde der Seligen versetzt zu werden. Diese Belohnung **schenken die Götter** aus ihrer Machtfülle, teilweise unter Mithilfe eines Totengerichts. Der Mensch kann diese Gefilde *nicht* willentlich anstreben; keine Lebensleistung gibt einem Menschen ein Anrecht darauf, dorthin zu kommen. Jeder Versuch würde von den Göttern als „Hybris" bestraft. Das Modell der „Belohnung" bleibt – zumindest als Teilaspekt – in *allen* Paradiesvorstellungen wirksam.

Grundsätzliches lässt sich erkennen:

- Gerade die Bedingungen, die für die **jeweilige** Kultur ein **bestmögliches Dasein** ermöglichen, sind erfüllt. Was auf dieser Erde nur als Stückwerk, selten und räumlich begrenzt zu haben ist, das ist dem Menschen in dieser anderen Existenz **in Fülle, zeit- und grenzenlos** geschenkt.
- Immer ist dieser Ort in der **Ferne,** am Ende der Welt, z. B. im Westen, wo die Sonne untergeht. Für die Griechen liegt das Elysium auf den Inseln der Hesperiden – *hesperos* bedeutet sowohl „Westen" wie „Sonnenuntergang".
- Dieser Ort ist immer **abgegrenzt von der übrigen Welt:** die Inseln der Seligkeit durch die Wasserwüste des Meeres, das fruchtbare Hochtal Weißwasserland durch die hohen kahlen Gebirgsketten rundum, Avalon durch dichte Nebelbänke, Walhall und das Paradies des Alten Testaments durch einen Feuerwall bzw. die feurigen Schwerter der Cherubim.
  Die Glut der untergehenden Sonne repräsentiert die Feuerwand, hinter der die Gefilde der Seligen liegen. Die Sonne selbst als mächtigste Verkörperung der Lebensenergie garantiert das andere, bessere Leben nach dem Tod.

Zusammenfassung: Das Paradies am Rande der Welt

Am Anfang der Welt gab es keinen höchsten Glückszustand. Einzelne außergewöhnliche Menschen (Heroen, Fromme) werden nach ihrem Tod nicht in die Unterwelt kommen, sondern in die **Gefilde der Seligen,** ins **Elysium.** Es liegt am Rande der Welt des jeweiligen Kulturkreises und wird als immer währender vollkommener Zustand all dessen beschrieben, was schon auf Erden als positiv erlebt und ersehnt wurde.
Ins Elysium kommen die Auserwählten aufgrund willkürlich freier Entscheidung der Götter als Belohnung für Leistungen im Leben. Der Mensch selbst kann willentlich nichts zum Erreichen dieser Gefilde dazutun.

4 Paradiesvorstellungen in Judentum und Christentum: Das Paradies NACH DEM ENDE der Welt

4.1 Paradiesvorstellungen in der jüdischen Apokalyptik

Die besondere Entwicklung der Religion des Volkes Israel führt auch für unser Thema zu besonderen Ergebnissen. Zu den wesentlichen Aspekten, die sich im Laufe der Jahrhunderte herausgebildet hatten, gehörten die Überzeugungen, die das Verhältnis zwischen dem Volk, seiner Geschichte und seinem Gott Jahwe beschrieben:

- Jahwe, der einzige Gott, ist der **Herr aller Geschichte.**

  1 Sam 2,6 Der Herr tötet und macht lebendig,
  führt hinab zu den Toten und wieder herauf.
  7 Der Herr macht arm und macht reich;
  er erniedrigt und erhöht.

- Er **begegnet,** teilt sich selbst seinem von ihm auserwählten Volk in dessen Geschichte mit.
- Diese Geschichte ist, wie die der ganzen Welt, nicht zyklisch, sondern hat **Anfang** (Schöpfung) und **Ziel** (Ende der gegenwärtigen Geschichte und Hereinbrechen des Gottesreiches).

Durch die Erfahrungen, die das Volk Israel mit seinem Gott macht, wächst die Hoffnung, die das Volk in Jahwe setzt, immer weiter und greift zuletzt über das gegenwärtige Leben und die gegenwärtige Welt hinaus: Das erhoffte Heil wird nicht mehr innerweltlich verstanden, denn es soll ja endgültig und alles umfassend sein. Daraus entwickelte sich die Frage, ob Gottes Bundestreue mit dem Tod des Menschen ihr Ende finde. Die späteren Schriften des Alten Testaments formulieren die Erkenntnis, dass Gott den Gläubigen auch über den Tod hinaus die Treue hält und ihnen neues Leben schenkt. Aufgrund des Verlustes des eigenen Staates und der Verfolgung wegen ihres Glaubens wurde die Heilserwartung auf die ganze Welt ausgedehnt: Gott wird alle bösen Mächte besiegen und er wird die Toten auferwecken. Er wird einen neuen Himmel und eine neue Erde stiften.

Diese heute mit dem griechischen Begriff **„Apokalyptik“** benannten Vorstellungen gewinnen zunehmend an Bedeutung. Die Erwartung der Totenauferstehung wird ein wesentlicher Bestandteil des jüdischen Glaubens, aber auch der Grund für einen heftigen theologischen Streit zwischen Pharisäern, die sie annahmen, und Sadduzäern, die sie ablehnten.

Apokalypse
Offenbarung über das kommende Weltende
Der Begriff wurde aus dem griechischen *apokálypsis* im Neuen Testament ins Deutsche entlehnt. Er bedeutet wörtlich „Enthüllung" (*apó:* ab, weg; *kalýptein:* verhüllen).

Das Bild vom kommenden Paradies

In den Visionen der Propheten des Alten Testaments werden die Motive des Anfangsparadieses auf den Endzustand der Menschheit projiziert: Das verwüstete Kanaan bzw. Zion soll wie der Gottesgarten werden (Hesekiel 36,35; Jesaja 51,3). Die spätjüdische Apokalyptik versetzt dann das Paradies in den Himmel (2. Buch Henoch 8s) und verbindet es mit der Vorstellung vom Wiederkommen Jerusalems und der Erhöhung Zions. Damit entsteht das Bild vom „Himmlischen Jerusalem", zu dem auch die Teilbilder des Berges und der umfriedenden Mauer gehören.

Ein Erzengel zeigt dem Evangelisten Johannes das „Neue Jerusalem" als Stadt auf dem Berg, die von zwölf Türmen umgeben ist; Buchillustration zur Offenbarung des Johannes, so genannte Trierer Apokalypse, 9. Jhd.

Neben die alte Methaper vom Paradies als „Garten" tritt somit die neue der „Stadt".

Das Erreichen des endgültigen Glückszustands

In dem Maße, wie sich das Gottesbild ändert vom willkürlichen, unerforschlichen hin zum gerechten Gott, ändert sich auch die Situation, in der Gott die Belohnung, das Glück, gewährt: Wenn sich der Mensch an die Regeln und Gebote Gottes hält, tut dies auch Gott seinerseits gegenüber dem Menschen. Dieses neue Verhältnis formuliert das **Alte Testament** in der Formel vom **„Bund Gottes mit dem Volk Israel"**. Die Hiob-Geschichte zeigt beispielhaft, wie schwierig es in konkreten Lebenssituationen des Leids und der Ungerechtigkeit selbst für einen frommen Menschen ist, in diesen Bund sein volles Vertrauen bis zum Letzten zu setzen. Der Schluss der Geschichte zeigt aber auch, dass sich die Hoffnung auf die Bundestreue Gottes (der Hiob am Ende mit größtem Glück beschenkt) als Glaubensüberzeugung durchgesetzt hat. So setzt der Bund eine **gerechte Ordnung** an die Stelle früherer Willkür, ohne dass dadurch aber Gott vom Menschen her zum Geschenk des Glücks gezwungen werden könnte – das wäre Rückfall in magisches Denken.

Das **Glücksmodell der Transzendenz,** wie es sich im späten Judentum vor der Zeitenwende darstellt, unterscheidet sich von den frühen archaischen Modellen in drei wesentlichen Gesichtspunkten:

- Den neuen, positiveren Zustand gibt es nicht jetzt schon, irgendwo am Rande dieser Welt, sondern **Raum und Zeit spielen keine Rolle mehr.** Diese irdische Welt wird „überschritten", transzendiert; die „neue Erde", das „Himmlische Jerusalem" haben eine völlig andere Qualität.
- Ihren über alle Vorstellungskraft hinaus positiven Charakter hat diese kommende Existenz, weil
  - **Gottes Herrschaft** dann **vollkommen** sein wird (alle Gegenkräfte sind in einem letzten großen Kampf von Gottes Heerscharen besiegt und vernichtet worden) und
  - das Volk Israel mit Gott in unmittelbarer **Gemeinschaft** leben wird: Damit entsteht etwas völlig Neues im Verhältnis von Gott und Menschen.

  So wird nach dem Ende der gegenwärtigen Geschichte die unmittelbare Gemeinschaft mit Gott wieder bestehen, die Gott durch die „Ausweisung" Adams und Evas aus dem Garten in Eden, dem Paradies, beendet hatte.
- Sobald in einer Religion eine Gemeinschaft des Menschen mit Gott gedacht wird, wird auch ein **Zustand der Vollkommenheit** denkbar (ins Bild des ersten wie des kommenden Paradieses gefasst), dem gegenüber dem Menschen alles, was ihm hier auf dieser Erde als Glück begegnet, schal vorkommen muss.

Zusammenfassung: Paradiesvorstellungen in der jüdischen Apokalyptik

Gott, der Herr, hat den Bund mit den Menschen/dem Volk Israel geschlossen. Die **Bundestreue Gottes** reicht über die gegenwärtige Welt und ihre Dauer hinaus und begründet die **Hoffnung auf das kommende Gottesreich.** Gott wird am Ende der Zeit einen neuen Himmel und eine neue Erde aufrichten und die Toten auferwecken. Die verlorene Gemeinschaft des Menschen bzw. des Volkes mit Gott ist nun in Vollkommenheit erneuert.

4.2 Paradiesvorstellungen in der christlichen Theologie bis zum Hochmittelalter

Das Bild vom kommenden Paradies

In der Vorstellung vom kommenden Gottesreich ist am einzelnen Beispiel des späten Judentums ein Prozess erkennbar geworden, den offenbar alle Religionen als Denk- und Vorstellungssysteme durchlaufen haben: Im Lauf der Jahrhunderte hat sich der Schwerpunkt des Denkens und Redens verlagert. Mythos und metaphorisches Reden, die am Anfang vorherrschen, hängen beide eng mit der materiellen Wirklichkeit (Garten und Sonne, Wasser und Wärme, Überfluss und Schönheit) zusammen, waren „anschau"-lich, „begreif"-bar. Neben sie, zum Teil auch gegen sie, tritt ein Denken und Reden in abstrakten, realitätsunabhängigen Begriffen, das sich an die Gesetze der Logik bindet.

Dieser **Verzicht auf die Fülle mythischer und metaphorischer Bilder** zeigt sich – für unser Thema des Paradieses – bereits im Neuen Testament.

Die Evangelien und Apostelbriefe sind im Gegensatz zur jüdischen Apokalyptik äußerst zurückhaltend, ja nüchtern in ihren Aussagen über das erwartete Gottesreich. Der Aufenthalt der Frommen nach dem Tod liegt im Himmel (2. Korintherbrief 12,3 f.), in ihm sind „viele Wohnungen" (Johannes 14,2), die Seligen schauen Gott (Matthäus 5,8; 1. Johannesbrief 3,2), Lazarus ist nach seinem Tod „in Abrahams Schoß geborgen" (Lukas 16,19–31) – das ist alles!

Diese Vorsicht im Gebrauch der Bildsprache ist vergleichbar mit Ludwig Wittgensteins berühmtem Satz am Ende seines „tractatus logico-philosophicus": „Worüber man nicht reden kann, darüber muss man schweigen."

In der Konsequenz des „modernen" abstrakten Denkens werden in den ersten Jahrhunderten der christlichen Kirche die alten mythischen und metaphorischen Bilder der Paradiesbeschreibung, die ja selbst Hilfskonstruktionen waren, um auf etwas anderes zu verweisen, nun erneut übersetzt: in die Welt der abstrakten Begriffe und Vorstellungen der Theologie.

Die Kirchenväter Ambrosius (339–397) und Augustinus (354–430) verstehen und „übersetzen" die überlieferten Paradiesbeschreibungen auch als **Allegorie.** Ambrosius deutet kosmologisch: Der Quell des Lebenswassers **entspricht** Christus, die vier Flüsse des Paradieses entsprechen den Kardinaltugenden und zugleich den vier Weltaltern. Augustinus sieht im Paradiesbild die Kirche, die vier Flüsse entsprechen den vier Evangelisten, der Lebensbaum entspricht Christus, der Baum der Erkenntnis von Gut und Böse dem freien Willen des Menschen.

Gott thront unbeweglich und unantastbar „in der Höhe"; Mittelbild aus einem Polyptych von Jacobello Alberegno, 1397.

Auch in der konkreten religiösen Kunst, die den Gläubigen in den Kirchen das Paradies vor Augen führte, ist diese Änderung erkennbar.

Hatte in den ersten christlichen Jahrhunderten das antike Gartenidyll die Bildvorstellung vom Paradies beherrscht, so tritt nach der Mitte des 4. Jahrhunderts eine unbewegte Darstellung der göttlichen Personen und der sie verehrenden Heiligen und Seligen in den Vordergrund. Die großen Apsismosaiken der Basiliken zeigen beispielsweise im unteren Teil das Lamm auf dem Berg (Christus auf Golgatha), von dem die Paradiesflüsse ausgehen, im oberen Teil Christus zwischen Heiligen im Palmengarten. Im Hochmittelalter dominieren dann „Thron"-Darstellungen: Gott **wandelt nicht** mehr durch den Garten Eden, er **thront unbeweglich** „in der Höhe" über den hierarchisch geordneten Chören der Engel und Heiligen.

Das Erreichen des endgültigen Glückszustands

Im **Neuen Testament** finden sich in den **„Seligpreisungen"** der Bergpredigt (bei Matthäus) bzw. der Feldrede (bei Lukas) zentrale Aussagen darüber, *wem* die ewige Seligkeit zuteil werden wird.

Seligpreisungen (Makarismen) gibt es bereits vor der Entstehung des Neuen Testaments, sowohl im griechischen Kulturkreis wie im Alten Testament. Die Besonderheit der Seligpreisungen des Neuen Testaments liegt darin, dass sie überwiegend die einzigartige Freude des Menschen über die Teilhabe am Heil des Reiches Gottes aussprechen.

Seligpreisungen – Makarismen

Im Griechischen wird *mákar, makários* als Beschreibung des Zustands der Götter verwendet und meint das umfassende Glück eines von Sorge, Arbeit und Tod freien Lebens (Homer, Odyssee 5,7). Später wird es auch für Menschen benutzt und bezeichnet den göttergleichen Zustand im Jenseits auf den Inseln der Seligen, im Elysium. Auch Aristoteles behält die vollendete Glückseligkeit *(makariotēs)* den Göttern vor. Den Menschen, die ihrer irdischen Natur gemäß im irdischen Tun leben müssen, billigt er nur die – im Vergleich geringere – *eudaimonia* zu.

Makarios wird in christlicher Zeit zum **Namenswort:** In magischer Denktradition wird angenommen, dass es seinem Träger im Leben das bescheren kann, wovon der Name „redet" – in diesem Fall also Glück.

Beispiel in der Gegenwart: Erzbischof Makarios III. (1913–1977), 1. Präsident der Republik Cypern 1960–1977.

Gleiches geschieht mit den lateinischen „Glücks"-Wörtern:

Felix: unter anderem drei Päpste im 3., 5. und 6. Jahrhundert;

Beat: gekürzt aus beatus, in der Schweiz verbreitet.

In den großen Makarismen, die zum ältesten Bestand der Bergpredigt gehören, wird gesagt, welche Menschen sich als Bürger des kommenden Reiches Gottes ansehen dürfen. Das Pathos, aber auch die Provokation für die Welt, liegen dabei gerade in der Umkehrung des üblichen menschlichen Urteils: „Selig ihr Armen – denn euch gehört das Reich Gottes!" (Lukas 5,20); dem folgt „Doch wehe euch Reichen – denn ihr habt euren Trost damit schon empfangen!" (Lukas 5,24): Wer sich selbstgerecht und unbußfertig seines Reichtums erfreut, genießt damit zwar innerweltliches Glück, verspielt aber seine Teilhabe am Reich Gottes.

In den Seligpreisungen verbindet sich also der Zuspruch von Trost für Menschen in negativen Lebensumständen (arm, hungrig, weinend, gehasst) mit der Anleitung zu einem sittlich-religiösen Verhalten, wie es sich als Antwort des Menschen auf die allumfassende Liebe Gottes und das Angebot der Teilhabe am Heil folgerichtig ergibt: der uneigennützigen Nächstenliebe. In allen Seligpreisungen überstrahlt das Licht der künftigen Herrlichkeit schon die arme Gegenwart der Glaubenden. Insofern sind die Makarismen des Neuen Testaments, vor allem der Bergpredigt, keineswegs Vertröstungen auf eine ferne Zukunft, sondern sie decken die wahre Qualität der Gegenwart auf, indem sie **die Gegenwart mit dem Licht der zukünftigen Welt durchleuchten** und dadurch erst sichtbar machen, was im Kern wesentlich ist.

Die das ganze Leben erfüllende Freude über die Teilhabe des Glaubenden am Heil des Gottesreiches hat die Anhänger Jesu als dessen Gemeinde offenbar nicht nur unter dem Pfingstgeschehen, sondern auch danach geprägt: „Tag für Tag trafen sie sich einmütig im Tempel, brachen das Brot in den verschiedenen Häusern, hielten gemeinsame Mahlzeiten voller Jubel und mit lauterem Herzen, priesen Gott und waren beliebt beim ganzen Volk." (Apostelgeschichte 2,46 f.) Im Idealbild, das Lukas von der Urgemeinde zeichnet, hat etwa der Reichtum des Einzelnen keinen Platz: „Grundstücke und sonstige Güter verkauften sie und verteilten den Erlös an alle, sooft einer etwas nötig hatte." (Apostelgeschichte 5,46) Glück wird nicht mehr im Wert, im Besitz materieller Güter erlebt, sondern in der geschwisterlichen Gemeinschaft aller Christen.

Die religionswissenschaftliche Forschung ist sich heute weitgehend darüber einig, dass Jesus davon ausgegangen war, das Kommen des Gottesreiches sei „nahe". Für den kurzen historischen Moment hat die urchristliche Gemeinde offenbar damit gerechnet, das Hereinbrechen des Gottesreiches, und damit der endgültigen Seligkeit noch selbst zu erleben. Doch diese Erwartung erfüllte sich nicht.

Theologisch wird das Problem in der Folgezeit – mit Berufung auf entsprechende Reden Jesu – damit gelöst, dass in Leben, Kreuzestod und Auferstehung Jesu das Kommen des Gottesreiches zwar bereits angefangen habe, seine Vollendung sich jedoch erst an einem dem unerforschlichen Ratschluss Gottes vorbehaltenen Endpunkt der Weltgeschichte ereignen werde. Da niemand weiß, wann das Gottesreich kommen wird, muss man sich für die Zwischenzeit Gedanken über den Menschen und seinen Weg zum „Heil“ machen.

Engel geleiten die Schar der im Jüngsten Gericht als gerechtfertigt erkannten Menschen durch die enge Pforte ins Paradies, neben der Petrus mit seinen symbolischen Schlüsseln steht. Musizierende Engel feiern den Einzug der Seligen; Stefan Lochner: Weltgericht, Detail: Paradiestür.

Die Grundaussage der „frohen Botschaft" (griech. *eu angelion,* daraus: Evangelium) Jesu: „Wer da glaubet und getauft wird, der wird selig werden (Markus 16,16), hat Paulus auf den Punkt gebracht: „... die Gerechtigkeit Gottes, die durch den Glauben an Jesus Christus erlangt wird und die für alle gilt, die glauben." (Römerbrief 3,22)

Das bedeutet: Die ewige Seligkeit wird empfangen, wer seine ganze personale Existenz auf Gott ausrichtet und das Erlösungsgeschenk Jesu Christi annimmt. Im Symbolakt der Taufe vollzieht er diese Hinwendung zu Gott öffentlich und wird zu einem „neuen" Menschen – „zieht einen neuen Adam an", wie Luther bildhaft formuliert.

Alles konkrete ethische Verhalten des Christen ist dann notwendige Konsequenz der Hinwendung zu Gott: Wer glaubt, kann eigentlich gar nicht anders, als gut zu handeln.

Zusammenfassung:
Paradiesvorstellungen in der christlichen Theologie bis zum Hochmittelalter

Die ewige Seligkeit wird empfangen, wer **im Akt des Glaubens** seine ganze Existenz auf Gott ausrichtet und das Erlösungsgeschenk Jesu Christi annimmt. Die ihm von Gott als Akt seiner Gerechtigkeit zugesprochene ewige Seligkeit wertet die Situation auf Erden bereits um: Die (materiell) Armen können als „reich" gepriesen werden, da ihr Glaube und das ihnen zugesprochene Heil schon ihrem gegenwärtigen Leben dessen wahre Qualität geben (Seligpreisungen).

4.3 Die Paradiesvorstellung bei Thomas von Aquin (Hochmittelalter)

Die konsequente Hinwendung zum abstrakten, der Logik verpflichteten Denken über die „ewige Seligkeit" erreicht ihren Höhepunkt in der Lehre des **Thomas von Aquin** (1225–1274). Sein gedankliches Modell ist in seinen wesentlichen Elementen in der christlichen Theologie bis heute unbestritten.

Für die Theologen des Mittelalters bedeutet das Nachdenken über die **beatitudo** (Glückseligkeit) auch immer eine Auseinandersetzung mit der „heidnischen" Philosophie zum Thema Glück. Thomas setzt sich mit Aristoteles auseinander.

Beatitudo
Lateinische Entsprechung der griechischen *eudaimonia*, deutsch mit **Glückseligkeit** wiedergegeben.
Beatitudo wird abgegrenzt gegen das zufällige Glück *fortuna* und das eher materiell (Fruchtbarkeit, Erfolg) bestimmte Glück *felicitas*.

Die beatitudo imperfecta

Thomas unterscheidet grundsätzlich zwischen einer **„beatitudo imperfecta"** (unvollkommen, vorläufig) und einer **„beatitudo perfecta"** (vollkommen, endgültig).

Thomas weiß, dass Aristoteles' Ethik die Frage eines Glücks *nach* „diesem" Leben überhaupt nicht stellt. Dies Schweigen ist für ihn aber kein Beweis dafür, dass es dieses jenseitige Glück nicht gibt. Aristoteles spricht andererseits am Ende seiner Ethik von dem Glück, das die Götter ewig genießen und demgegenüber sich das Glück der Menschen bescheiden und unvollkommen ausnimmt. Bei Aristoteles bleibt das Glück der Götter dem Menschen unzugänglich. Bei Thomas kann der Mensch die dem Glück der Götter qualitativ ebenbürtige *beatitudo perfecta* gewinnen.

Die dem aristotelischen Glück vergleichbare *beatitudo imperfecta* wird zur Vorbereitung, zum bescheidenen Vorspiel dessen, was den Menschen nach seinem Tod erwartet. Für Thomas findet in dieser *beatitudo imperfecta* aber bereits das statt, was er **„Teilhabe"** nennt: In der *beatitudo imperfecta* ist die *beatitudo perfecta* bereits anwesend: ausschnitthaft, unvollständig, unvollkommen – aber doch so, dass die Qualität des vollkommenen Glücks erahnt werden kann. Thomas sprengt damit die Selbstbeschränkung der praktischen Philosophie: Aussagen über den Menschen in *dieser* Welt zu machen und nur darüber. Er verweist den Menschen über dessen biologischen Tod hinaus auf ein jenseitiges **Endziel.**

Für Thomas kann der Mensch dieses letzte Ziel nicht durch eigenes Tun und aus eigener Kraft erreichen. Gott in seinem Wesen zu schauen, darin seine Vollendung und sein Glück zu finden, übersteigt für Thomas die Natur jedes Geschöpfes, bedarf der schenkenden **Selbstmitteilung Gottes.** Der Versuch, das endgültige Glück aus eigener Kraft und eigenem Recht zu erlangen und zu genießen, kennzeichnet sogar den Kern der Sünde: Der Teufel stiftet den Menschen dazu an, das letzte Glück „per suam virtutem" (durch seine Tugend) haben zu wollen. Der Mensch ist nach Thomas' Überzeugung höchstens Mitarbeiter an seinem Glück. Haupt- und erstursächlich wird es ihm aber **von Gott als Geschenk** zuteil, (auch) als Belohnung für sein tugendhaftes Leben.

Thomas geht davon aus, dass der Mensch einen „appetitus naturalis" (ein natürliches Verlangen) besitzt: Der Mensch als geistbegabtes Lebewesen will **sein** und **erkennen,** und er will dies **auf Dauer** und in der **höchsten Form** seiner Möglichkeit. Aber der Mensch verfügt in diesem Leben nicht über eine intellektuelle Anschauung Gottes; da seine Erkenntnis unabdingbar an die Sinne, die Einbildungskraft und den Verstand gebunden ist, ist seine Gotteserkenntnis vermittelt, indirekt und damit völlig unangemessen.

Und dies ist das Äußerste und Vollkommenste unserer Erkenntnis in diesem Leben: Wir sind mit Gott als einem Unbekannten verbunden. Deshalb wird, um auf das Unwissen in dieser höchsten Erkenntnis hinzuweisen, von Moses gesagt: „Er trat an das Dunkel heran, in dem Gott ist."

Thomas von Aquin: Summa contra gentiles III, 49.

Der Aufstieg der Seligen ins Himmlische Paradies; in der Detailaufnahme lässt sich die mittelalterliche Vorstellung von der endgültigen Vereinigung des Menschen mit Gott in einem Lichttunnel (die „visio beatifica") gut erkennen.
Hieronymus Bosch, Visionen aus dem Jenseits, um 1490.

Was Thomas in keiner Weise mehr überzeugte, waren die Weisheitsideale der Antike, die ein philosophisches Glück in diesem Leben in Aussicht stellten, dem der Tod völlig gleichgültig wird. Und auch Aristoteles' Versuch, ohne Unsterblichkeitsperspektive einen Vollendungszustand des Menschen zu denken, verliert im Blick auf den Tod an Plausibilität:

> Sollte aber in diesem Leben ein letztes Glück sein, dann ist gewiss, dass es verloren geht, spätestens im Tod; und es ist nicht sicher, dass es bis zum Tod dauern wird [...] Immer also wird von Natur aus eine solche Glückseligkeit mit Trauer sich verbinden. Es wird also kein vollkommenes Glück sein.
>
> *Thomas von Aquin: Summa contra gentiles III, 48.*

Der *appetitus naturalis* ist als Wesensmerkmal des Menschen von Gott als dem Schöpfer des Menschen so gewollt und kann daher nicht vergeblich sein. Er kann nicht ins Leere zielen. Die uns von Gott verliehene natürliche Vernunft lässt uns denkend alle notwendigen Schritte des Erkennens und Verstehens tun, sodass wir am Ende die **vernünftige Hoffnung** gewinnen können, dass uns die **Glückseligkeit aus Gottes Wirken** zuwächst. *Wie* Gott den Menschen ans Ziel bringt, kann die natürliche Vernunft allerdings nicht wissen.

Die beatitudo perfecta

Thomas behauptet, dass der Mensch durch die endgültige Vereinigung mit Gott in einen Zustand ewiger Vollendung gelangen kann. Er wird Gottes Wesen in unmittelbarer Betrachtung von Angesicht zu Angesicht erfassen. In dieser Verbindung seines Geistes mit dem Quell allen Seins wird er von aller menschlichen Unvollkommenheit befreit und – im unendlichen Genuss unbehinderter geistiger Aktivität – sich ganz in Gott vertiefen und ganz bei sich selbst sein. Der **Vollendungszustand** ist ungehinderte **Aktivität** der höchsten menschlichen Fähigkeit: des Geistes; er ist Aktualisierung der **edelsten Haltung:** der caritas bzw. sapientia; er hat das **würdigste Seiende** zum Gegenstand: Gott; und er erhält, als ergänzenden Aspekt, die **reinste Form des Vergnügens.**

Das bedeutet: Menschliche Glückseligkeit wird ihren Bestand nicht in einer durch Selbstgestaltung errungenen besonderen Qualität der Seele haben, vielmehr liegt die Quelle menschlichen Glücks außerhalb der Seele und diese ist in ihrem Glück auf diesen anderen bezogen, dem sie alles verdankt, auf Gott.

Die beatitudo des Menschen erfüllt sich also darin, dass sein strebendes Verlangen nach dem Urgrund seines eigenen Seins in einem als vollkommen erlebten Gemeinschaftsverhältnis mit Gott zur Ruhe kommt.

Thomas argumentiert, dass Gott den Menschen selbst dazu bestimmt hat, **imago Dei,** Bild Gottes, zu sein. Er hat ihn so geschaffen: Gott schuf ihn als geistiges Wesen, das Ursprung seiner Werke ist, mit freiem Willen begabt und Herr seines Tuns. In der „visio beatifica", der glückselig machenden Schau Gottes, wird alles Positive Wirklichkeit, wozu der Mensch von Gott her befähigt ist.

Den Kern von Thomas' Lehre von der Glückseligkeit des Menschen bildet die Botschaft vom **Heilshandeln Gottes in Jesus Christus.** Er allein ist für den Menschen Retter, Wegweiser und Mittler zum Heil – niemand anderer. Thomas selbst drückt das so aus: „Unser Retter Jesus Christus [...] hat uns an sich selbst den Weg der Wahrheit aufgezeigt, auf dem wir über die Auferstehung zur Glückseligkeit des unsterblichen Lebens gelangen können" (Summa theologiae II, prol.).

Nur wer von dem Weg, den Jesus Christus gegangen ist, gehört hat, ist in der Lage, die Grundvorstellung zu akzeptieren, dass der Mensch nach diesem Leben zum wahren Glück gelangen kann:

> Dadurch aber, dass Gott die menschliche Natur mit sich in persona vereinen wollte, wird dem Menschen augenfälligst gezeigt, dass er durch seinen Geist mit Gott vereint werden kann, indem er ihn unmittelbar schaut. Es war also höchst angemessen, dass Gott die menschliche Natur annahm, um die Hoffnung des Menschen auf Glück zu steigern; [...] gemäß dem, was er [Christus] selbst sagte (Johannes 10,10): „Ich bin gekommen, dass sie das Leben haben, und dass sie es in Fülle haben."
>
> *Thomas von Aquin: Summa contra gentiles IV, 54.*

Zusammenfassung:
Die Paradiesvorstellung bei Thomas von Aquin (Hochmittelalter)

Thomas unterscheidet zwischen der **„beatitudo imperfecta",** die weitgehend dem entspricht, was Aristoteles unter Glück verstand, und der **„beatitudo perfecta",** der transzendenten größtmöglichen Nähe zu und Gemeinschaft mit Gott. Die „beatitudo perfecta" ist so vollkommen, dass im Vergleich zu ihr alles erdenkliche irdische Glück verblasst. Die „beatitudo perfecta" ist reines **Gnadengeschenk Gottes:** Sie ist Gottes Antwort auf den Glaubensakt des Menschen, in dem dieser die Selbsterschließung Gottes in Jesus Christus annimmt.

4.4 Der zweite Strang von Paradiesvorstellungen in der mittelalterlichen Theologie und in der Volksfrömmigkeit

Die primär geistige Antwort auf die Frage, wie der Mensch die ewige Seligkeit gewinnen kann, konnte sich im Verlauf der ersten Jahrhunderte der Geschichte der jungen christlichen Kirche *nicht* allgemein durchsetzen. Denn die neue religiöse Gemeinschaft, die sich auf Jesus den Christus beruft, steht unter den vielfältigen Einflüssen ihrer jeweiligen Umgebung. Dazu gehört nicht nur die eschatologische[8] Tradition des Judentums mit ihrer Erwartung des Messias und des mit ihm kommenden Gottesreiches. Dazu gehört auch und in zunehmendem Maße – nämlich insoweit die Mission der Christen bei den Heiden erfolgreich ist – die Vielfalt griechisch-hellenistischer Vorstellungen und Bilder.

In dieser Zeit der frühen Kirche werden im theologischen Denken einige entscheidende Weichen gestellt. Die Folgen dieser Festlegungen sind in den christlichen Kirchen und ihren theologischen Denkgebäuden bis heute spürbar und aufgrund der langen Traditionskette des Denkens so eingewurzelt, dass Irrtümer und Fehler, die inzwischen erkannt wurden, nur schwer korrigiert werden können.

Zwei, der Vorstellungswelt Jesu fremde Überzeugungen werden besonders wichtig:

- Entgegen dem ursprünglichen jüdischen Menschenbild, das auch in den Aussagen Jesu gegenwärtig ist, nämlich dass der Mensch als eine unauflösbare **Einheit** von Leib und Geist zu begreifen ist, setzt sich die griechische **dualistische Vorstellung vom Menschen** durch, der einerseits aus dem Leib und andererseits aus der Seele besteht. Die Seele ist im Leib wie in einem Kerker gefangen und befreit sich bei dessen Tod daraus.
- Der Kirchenvater Aurelius Augustinus (354–430) führt in seiner Theologie den Begriff der **„Erbsünde"** ein – gegen die Grundaussage des Neuen Testaments. Diese Ur-Schuld haftet dem Menschen unauslöschlich an.

Beide Aspekte führen im weiteren Verlauf des Mittelalters dazu, dass einerseits ein kompliziertes **Zeit- und Raummodell** erdacht werden muss, um alle Probleme logisch einwandfrei zu lösen, die aus der Vorstellung einer vom Leib getrennten Seele entstehen, wenn dieser Leib biologisch stirbt.

Andererseits entsteht aus dem Versuch, trotz der Erbsünde einen Weg in die ewige Seligkeit zu eröffnen, ein ebenfalls sehr **komplexes System von**

8 Eschatologie (griech. *èschatos:* äußerster, letzter): Die Vorstellungen über das Ende der Welt.

„Guten Werken". Es wird aus Bildreden Jesu entwickelt, wie sie vor allem Matthäus überliefert (Mt 19,16–24: Schenkung des ganzen eigenen Besitzes an die Armen; Mt 25,35–40: die diakonischen Werke der Barmherzigkeit).

> Mt 6,19 Hortet nicht Schätze auf Erden, wo Motten und Wurmfraß sie unansehnlich machen und Diebe einbrechen und sie stehlen.
> 20 Sammelt euch vielmehr Schätze im Himmel, wo weder Motten noch Wurmfraß sie unansehnlich machen noch Diebe einbrechen und stehlen kommen.
> 21 Denn wo dein Schatz ist, da wird auch dein Herz sein.

Um 400 n. Chr. findet sich bei Johannes Chrysostomus (gest. 407) die Formel, die für die Vorstellung eines Schatzes der Guten Werke ausschlaggebend wird: „Teile mit Christus das Vermögen. […] Er ist dein Bruder und Miterbe. Mache ihn auch in diesem Punkt zu deinem Miterben. Was du ihm gibst, **wirst du auch dir geben**." (Homilie 45 ad. Matth. 2)

Ganz im Gegensatz zum ursprünglichen Gedanken, dass gute Werke selbstverständlicher, ja letztlich unausweichlicher Ausdruck des Glaubens an Christus sind, werden sie, je weiter das Mittelalter fortschreitet, immer stärker instrumentalisiert. Das heißt im Extremfall: „Gute Werke" werden als der **Preis** für die Erlangung der Ewigen Seligkeit angesehen.

Letztlich wird dies, da sich der materielle Aspekt oft dominierend in den Vordergrund schiebt, im Streit um das Ablasswesen zum auslösenden Anlass für die Reformation im 16. Jahrhundert. Dass dem Ablass verkaufenden Mönch Johannes Tetzel (um 1465–1519) der „Reklameslogan" zugeschrieben werden konnte: „Sobald das Geld im Kasten klingt, die Seele in den Himmel springt!" zeigt, wie weit die Fehlentwicklung im 15./16. Jahrhundert geraten war. Theologie (etwa bei Thomas von Aquin) und so genannte „Volksfrömmigkeit" hatten sich weit auseinander entwickelt.

Als Endpunkt einer langen theologischen Kritik an dieser Art von Volksfrömmigkeit setzt Martin Luther – aus seiner Überzeugung heraus, zum ursprünglichen Evangelium zurückzukehren – den Apostel Paulus wieder „in Kraft" und verschärft dessen Aussage noch: **„sola fide"** („*allein* aufgrund seines Glaubens" übersetzt er Paulus) werde der Mensch von Gott gerechtfertigt und empfange **„sola gratia"** („allein aus göttlicher Barmherzigkeit/Gnade") die ewige Seligkeit (Römerbrief 3,24 f., 28).

Die Eindrücke, die jemand heute gewinnen kann, der sich mit den Erscheinungsformen der mittelalterlichen Jenseitsfrömmigkeit beschäftigt, reichen von „skurril" bis „erschreckend". Es ist aber auch daran zu erinnern, dass diese

Vorstellungen über die Jahrhunderte hinweg unterschwellig bis in unsere Tage fortgewirkt haben.

Schwer zu entscheiden ist für uns heute die Frage nach dem emotionalen Antrieb für das System, mit dem im Mittelalter versucht wurde, sich der beatitudo möglichst schon auf Erden zu versichern. Schaut man sich die Darstellungen der Fegefeuer- und Höllenstrafen an, die im Laufe des Mittelalters immer realistischer und grauenvoller werden, drängt sich heute die Vermutung auf, gute Werke seien später weniger aus dringender Erwartung und Hoffnung auf die Existenz in letztgültiger, ewiger Glückseligkeit getan worden, sondern eher aus panischer Angst vor den Schrecken der Hölle. Wir dürfen dabei aber nicht vergessen, dass die Angst, beim Jüngsten Gericht endgültig verworfen und der Ewigen Seligkeit nicht teilhaftig zu werden, das Leben sehr vieler Menschen beherrscht hat, sodass sie dankbar ein Denk- und Verhaltensmodell akzeptierten, das ihnen nicht nur Hoffnung, sondern ein erhebliches Maß an Sicherheit anbot. Dann hätte nicht so sehr die Erreichung ewigen Glücks im Zentrum des Lebens gestanden, sondern die Vermeidung ewiger Qual. Und das ist ein großer Unterschied.

Zusammenfassung: Der zweite Strang von Paradiesvorstellungen in der mittelalterlichen Theologie und in der Volksfrömmigkeit

Da der Mensch von Geburt an unausweichlich mit der Erbsünde behaftet ist, muss er danach trachten, einen „Schatz im Himmel" aus **„Guten Werken"** anzusammeln in der Hoffnung auf zukünftigen Lohn: „Teile mit Christus … Was du ihm gibst, wirst du auch dir geben."

5 Paradiesvorstellungen im Islam

Als der Islam im siebten nachchristlichen Jahrhundert gestiftet wurde, hatten Judentum und Christentum den wesentlichen Teil ihrer Entwicklung bereits durchlaufen. Im **Koran** und in der theologisch als gültig anerkannten unmittelbar folgenden Tradition seiner Auslegung bis ins 9. Jahrhundert, **Hadíth,** finden sich bekannte Bausteine sowohl des Paradiesbildes selbst wie der Vorstellung über den Weg dorthin.

Der Paradiesgarten

Sure 98 Das deutliche Zeichen (al-Bayyina)
Vers 7 Die aber, die glauben und die guten Werke tun, sind die besten unter den Geschöpfen.
8 Ihr Lohn bei ihrem Herrn sind die Gärten von Eden, unter denen Bäche fließen; darin werden sie auf immer ewig weilen. Gott hat Wohlgefallen an ihnen, und sie haben Wohlgefallen an Ihm. Das ist für den bestimmt, der seinen Herrn fürchtet.

Auch hier fällt – ähnlich wie im Neuen Testament – die radikale Knappheit und Beschränkung auf das Wesentliche, nämlich „Wohlgefallen" auf.

Das Realitätsbedürfnis der Gläubigen hat dieses vorgegebene wenige ausgestaltet: Eine liebliche Gegend, von erfrischenden Strömen durchflossen, wo laubige Bäume Schatten spenden. Die Seligen ruhen, in Festgewänder aus Seide und Brokat gekleidet, auf Lagern und Kissen. Herrliche Fruchtbäume beschatten die Teilnehmer des himmlischen Gastmahls: Granatapfelbäume, Bananen, Weinstöcke und Palmen, deren Früchte sich von selbst herabneigen, wenn jemand sie pflücken will. Knaben, schön wie Perlen, gehen herum und schenken einen lieblichen Trank ein. Zur Gesellschaft und zu Gemahlinnen erhalten die Seligen schwarzäugige Huris, von denen Muhammad sagt, dass sie jungfräulich, sittsam, besonders von Gott geschaffen sind (nach Sure 56,16–27).

Die „visio beatifica"

In der Hadíth des 9. Jahrhunderts findet sich – komplementär zum Christentum – ebenfalls die Umakzentuierung zum rein **geistigen Paradiesbild:**

Wenn die Leute des Paradieses ins Paradies eingehen, sagt Gott: Wünscht ihr euch, dass ich euch noch mehr gebe?

Sie sagen: Hast du uns nicht unsere Gesichter weiß gemacht? Hast du uns nicht ins Paradies eingehen lassen und uns vor dem Höllenfeuer gerettet?

Da zieht er den Vorhang weg. Siehe, ihnen ist nichts geschenkt worden, was ihnen lieber wäre als das Hinschauen zu Gott. *Muslim*

Während die Leute des Paradieses sich in ihrer Wonne befinden, strahlt über ihnen ein Licht auf. Sie erheben ihre Häupter, und siehe, der Herr erscheint über ihnen von oben. Er sagt: Friede sei über euch, ihr Leute des Paradieses! (Und das ist die Anrede Gottes: „Friede, als Anrede von einem barmherzigen Herrn": Koran 36,58.) Er schaut zu ihnen, und sie schauen zu ihm. Und sie kümmern sich um nichts mehr von der Wonne, solange sie zu ihm schauen, bis er ihnen verhüllt wird. Jedoch verweilen sein Licht und sein Segen über ihnen in ihren Behausungen. *Ibn Mādja*

Ein **Unterschied zum Christentum** besteht darin, dass die Schau Gottes nicht zeitlos dauernd, sondern in der (weiterhin vorhandenen) Zeit begrenzt ist: Gott ist dann für sie nicht an-**schau**-bar, er ist „verhüllt".

Das Paradies ist die konsequente Folge des Glaubens an Gott und eines Lebens nach seinen Geboten. Es ist der Lohn aufgrund des Vertrags zwischen Gott und den Menschen, nicht eine willkürliche Belohnung. Im Gericht am Ende der Welt werden die guten und die schlechten Taten des Menschen gegeneinander abgerechnet – das positive Ergebnis führt in das Paradies, das negative in die Feuerhölle.

Jenseits der Willkür ausschließenden rechtlichen Vertragstreue wird Gott aber auch in freier Entscheidung in seiner Liebe zu den Menschen Gnade vor Recht ergehen lassen und den „Sünder" erretten, wenn dieser zu Lebzeiten glaubte:

Gott lässt die Leute des Paradieses ins Paradies eingehen, er lässt durch seine Barmherzigkeit hineingehen, wen er will. Und er lässt die Leute des Höllenfeuers ins Feuer eingehen. Dann sagt er: Schaut hin, bringt heraus den, in dessen Herzen ihr auch nur das Gewicht eines Senfkörnchens Glauben findet.

Da bringen sie sie heraus wie verbrannte schwarze Scheite. Sie werden in den Fluss des Lebens (oder: in den Regenbach) geworfen, und sie wachsen darin, wie der Wüstensamen am Bachufer wächst. Habt ihr nicht gesehen, wie er (dort) gelb und geschmeidig herauskommt? *Muslim*

Zusammenfassung: Paradiesvorstellungen im Islam

Die Paradiesvorstellung im Islam entspricht weitgehend der im späten Judentum und im Christentum. Die wesentlichen Aspekte sind:

- die Erfüllung menschlicher Existenz in der größtmöglichen Gemeinschaft mit Gott;
- die Erlangung des Paradieses als Folge eines Lebens nach den Geboten Allahs oder
- als rettender Gnadenakt Gottes als Antwort auf den grundsätzlichen Glaubensakt des Sünders;
- das Nebeneinander von theologischem Schweigen über das genaue *Wie* des Paradieses und bildfreudiger Ausmalung in der Volksfrömmigkeit.

6 Das Nirwana als Ziel buddhistischen Strebens

Sobald es sich um Vorstellungen aus einem nichtabendländischen Kulturkreis handelt, ist Vorsicht geboten, um nicht dessen Denkgewohnheiten und -konzepte einfach auf die andere Vorstellungswelt zu übertragen und diese damit zwangsläufig misszuverstehen.

Unsere westliche Glücksvorstellung hängt von der Vorstellung der Person ab, dem individuellen Ich, in religiöser Sprache: dem unverwechselbar einmaligen Geschöpf Gottes. Dieses Ich erlebt *sein* Glück, auch dann, wenn es religiös als ewige Seligkeit gedacht wird: Jeder einzelne Mensch wird *seine* größtmögliche Nähe zu Gott und die Gemeinschaft mit dem seinerseits personalen Gott genießen.

Obwohl Buddha selbst jeden Personenkult ablehnte, werden Buddhastatuen in vielen Ländern verehrt.

Der Buddhismus dagegen – in seiner die Ursprünge bewahrenden Ausprägung (Hinajama) in Südasien (Sri Lanka, Hinterindien) – lehnt sowohl die Vorstellung einer personalen Seele wie die des einen Schöpfergottes ab. Er betrachtet sich genau genommen auch nicht als Religion, sondern als eine Lehre der Lebensführung. Wenn es aber kein personales Individuum und keinen personalen Gott gibt, **fehlen im Buddhismus die Voraussetzungen für eine Entsprechung zur Ewigen Seligkeit.**

Hinduismus und Buddhismus haben die Vorstellung vom **Nirwana** entwickelt. Es ist das **Ziel allen Lebens** auf der Erde und bedeutet – scheinbar paradoxerweise – das vollständige **Aufhören des Lebens** bzw. des Lebenstriebs. Das Paradoxon löst sich auf, wenn man akzeptiert, dass alles Leben unablässigem Leiden unterworfen ist. Ursache des Leidens sind die Leidenschaften. Nur die Befreiung vom Lebenstrieb hebt die Leiden auf. Der Weg dorthin führt über die **Erkenntnis** (z. B. dessen, was der Buddha gelehrt hat) zur völligen **Selbstentäußerung** des Einzelnen. Der dann vom Kreislauf der Wiedergeburt Erlöste, weil Geläuterte, geht in den Zustand **endgültigen Erlöschens** ein, ins Nirwana.

Da nach buddhistischer Vorstellung ein „Heiliger" schon zu Lebzeiten das Erlöschen jeglichen Lebenstriebs durch Überwindung der Hauptlaster Hass, Gier und Wahn erreichen kann, ist ihm dadurch verbürgt, dass er beim Eintritt des Todes unmöglich in einer individuellen Existenz wiedergeboren werden muss bzw. wird.

Dass dieses Wesen, das keinen Lebenstrieb mehr hat, die Gewissheit, am Ziel zu sein, als **Gefühl** der Freude, als „Seligkeit" empfinden sollte, wäre ein Widerspruch in sich selbst. Denn Gefühle sind ja gerade Ausdruck des nicht mehr vorhandenen Lebenstriebs, der überwundenen negativen Lebensgier.

Ob der „Heilige" die erreichte Stufe der Läuterung und Erleuchtung jenseits der Gefühlsebene in irgendeiner geistigen Qualität als einen Zustand wahrnimmt, der im Westen Glück, Seligkeit heißt, muss dahingestellt bleiben. Jedenfalls gibt es eine lebendige Existenz nach der Loslösung vom Lebenstrieb; ein solcher Mensch wird gepriesen: Enthaltsam lebt er fern von Begierden, vervollkommnet, kühl, **in seliger Freude.** Dass hier doch wieder ein „Gefühls-" Wort auftaucht, deutet darauf hin, dass wir im Westen offenbar keine sprachliche Entsprechung besitzen, um übersetzend das auszudrücken, was buddhistisches Denken in den östlichen Sprachen formuliert.

Zusammenfassung: Das Nirwana als Ziel buddhistischen Strebens

Aufgrund des anderen Menschen- und Weltbildes ist eine Übertragung des individuell geprägten westlichen Glücksgedankens auf den Buddhismus nicht möglich. Der im Nirwana erreichbare Zustand eines Menschen ist mit unserer „westlichen" Begrifflichkeit nicht ausreichend zu erfassen.
Das angestrebte Ziel des Buddhisten ist der Zustand des **endgültigen Erlöschens** im Nirwana.

7 Übersicht zu den Paradiesvorstellungen in den Religionen

	Entwicklungsstand der Religion	„Lage“ des Paradieses in der Zeit	„Lage“ des Paradieses im Raum	Teilhabe am Zugang zum Paradies
Vorderer Orient, altes Israel	Polytheismus (Vorderer Orient); Monotheismus (Israel)	am Anfang der Welt (positiver Urzustand)	in der Welt	der Mensch als Geschöpf Gottes (anthropologischer Mythos)
antike Kulturkreise	vor-monotheistisch (polytheistisch, schamanisch, animistisch)	gleichzeitig mit der Welt	in der Welt	Elite aus Heroen bzw. Frommen
spätes Israel, Christentum, Islam	monotheistisch (Israel); monotheistisch-trinitarisch (Christentum); monotheistisch (Islam)	nach dem Ende der Welt	anstelle der bisherigen Welt	die Gerechten, die Gerechtfertigten = Erlösten
Hinduismus und Buddhismus (negative Bestimmung)	Gesetz der ewigen Wiederkehr (Hinduismus und Buddhismus)	innerweltlich ist kein Glück möglich, da Leben immer vom Leiden durchtränkt ist		

Art der Zulassung zum Paradies	eigenes Zutun des Menschen zur Erlangung des Paradieses	„Bild“ des Paradieses	Art des Glücks	
Grundsituation des Menschen aufgrund des Willens Gottes		symbolische Bilder für die Fülle und Vollkommenheit dessen, was Leben materiell (Wasser, Fruchtbäume) und geistig (Erkenntnis) lebenswert macht	natürliche Gemeinschaft des Menschen mit Gott in der Harmonie der Schöpfung	„westliche“ Tradition
willkürlich-freie Entscheidung der Götter als Belohnung	besondere Lebensleistung, jedoch nicht mit dem Ziel des Paradieses	kulturkreistypische Bilder für die Fülle und Vollkommenheit dessen, was Leben materiell und geistig lebenswert macht	angenehmes, leidens- und erinnerungsfreies, lustvolles Leben in lockerer Gemeinschaft mit anderen Auserwählten; keine Gemeinschaft mit den Göttern	
Verwirklichung der Bundestreue (Israel); Antwort auf den Glaubensakt der Menschen (Christentum und Islam)	vollkommene Hinwendung zu Gott (Israel, Christentum, Islam); ein Leben nach den Geboten Gottes (Israel, Islam); Annahme des Erlösungsgeschenks Jesu Christi (Christentum)	kulturkreistypische Bilder für die Fülle und Vollkommenheit dessen, was Leben materiell und geistig lebenswert macht; im theologischen Denken wachsender Verzicht auf materielle Symbole zugunsten abstrakt-geistiger Vorstellungen; z. B. „selige Schau“ *(visio beatifica)* als rein geistig qualifizierter Zustand	angenehmes, leidens- und erinnerungsfreies, lustvolles Leben in lockerer Gemeinschaft mit den anderen in der Nähe Allahs (Islam); Wiederherstellung und größtmögliche Intensität der Nähe zu / Gemeinschaft mit Gott; ersetzt qualitativ jeden denkbaren weltbezogenen Existenzzustand (Israel, Christentum, Islam)	
nach dem einzelnen Tod erfolgt eine Wiedergeburt als Folge der Verfehlungen im gerade gelebten Leben		weder personale Seele noch personaler Gott, die in ein positives Verhältnis zueinander („Seligkeit“) treten könnten; „Verwehen des Individuums“	Ein Glücksgefühl für einen Heiligen, der das Nirwana schon zu Lebzeiten erreicht hat, ist unmöglich: Es widerspricht der erreichten Abtötung des Lebenstriebes. Auf der Stufe der Erleuchtung und Läuterung kann vom Heiligen gesagt werden, er lebt vervollkommnet, kühl, in seliger Freude.	„östliche“ Tradition

8 Unterschiede zwischen philosophischen Glückstheorien und religiösen Glücksvorstellungen

Der Unterschied zwischen philosophischen Glückstheorien und religiösen Glücksvorstellungen ist grundlegend bedingt durch den **jeweils anderen Bezugsrahmen,** in dem der nach Glück strebende Mensch betrachtet wird:

- für den Philosophen ist es der Mensch in seiner innerweltlichen, räumlich und zeitlich begrenzten Lage,
- für den Theologen ist es der Mensch in seiner Beziehung zu einem transzendenten Gott, die eben darum Raum und Zeit sprengt.

In der Folge wird das Glück im einen Fall in dieser Welt und im Zeitrahmen eines Menschenlebens gesucht und gefunden; im anderen Fall wird es als Vollendung der jetzt schon erkennbaren und erlebbaren Liebe Gottes als Geschenk jenseits der Grenzen von Raum und Zeit erhofft.

Ein zweiter Unterschied liegt im **Grad der Selbstbezogenheit** des Glücksstrebens.

- Die in den philosophischen Glückskonzepten angeratenen Strategien, glücklich zu werden, richten sich an jeden Menschen als einzelnes Individuum: Jeder kann, wenn er es richtig anstellt, für sich glücklich werden. Negativ ausgedrückt haben die philosophischen Glückstheorien eine **egoistische Komponente.** Die anderen, ebenfalls nach ihrem Glück strebenden Menschen kommen meinem Glücksstreben nur insofern in den Blick, als sie meinem Glück förderlich sind, z. B. als Freunde, mit denen erst ein anregendes Gespräch möglich ist (Epikur); als Handelnde, an denen ich meine eigenen Tugenden bewähren kann (Stoà); als Mitglieder der Polis, denen gegenüber ich mein Engagement in der Polis rechtfertigen muss (Aristoteles).
- Im Gegensatz dazu behauptet das christliche Konzept, der Gewinn – vorläufigen – innerweltlichen Glücks ergebe sich gerade aus dem **Verzicht auf die direkte ichbezogene Glückssuche.** Glück wachse dem Menschen vielmehr aus gelebter Nächstenliebe in all ihren vielfältigen Ausdrucksformen zu.

  Dieses auf zwischenmenschliche Geschwisterlichkeit, auf Gemeinschaft zielende Glücksstreben könnte – betrachtet man nur die innerweltlichen Möglichkeiten des Menschen glücklich zu werden – das humanere und damit zukunftsfähigere Glückskonzept sein.

9 Glücksverheißungen in Jugendreligionen

Der Begriff der Jugendreligionen entstand Ende des 20. Jahrhunderts, als der der „Sekte" allgemein als zu negativ, als Kampfbegriff aus der Interessenlage der Großkirchen, empfunden wurde. Er ist also ein Verlegenheitskonstrukt. Der Begriff benennt ein Phänomen, das sowohl die Anhänger solcher als „Jugendreligion" bezeichneten Gruppen als auch die Institution selbst betrifft:

- Jugendliche konnten subjektiv den Eindruck gewinnen, diese Gruppen gingen auf ihre Probleme besonders ein.
- Beobachter des „religiösen Marktes" konnten feststellen, dass die Gruppen gerade Menschen jungen Alters ansprachen, da sie hoffen konnten, diese – in ihrem leichter beeinflussbaren Zustand – zu gewinnen und auf Dauer an sich zu binden.

Psychologen, die das Phänomen erforschten, haben folgende Erklärung für den Erfolg der Jugendreligionen: Jugendliche müssen sich mit zwei Gruppen von Problemen auseinander setzen:

- Probleme, die sie im Verlauf ihrer natürlichen Persönlichkeitsentwicklung haben (schwierige Selbstfindung; Ablösung von der Elternautorität und unbewusste Suche nach einer Ersatzautorität; fehlender „Kompass" für die Orientierung im Leben) und
- Probleme, die die Jugendlichen in ihrer Umwelt vorfinden (wachsende Komplexität der Welt; Konkurrenz unterschiedlicher Wertkonzepte, die eine verantwortete Wahl für das eigene Leben verlangen).

Auf diese Probleme antworten die religiösen oder pseudoreligiösen Gruppen *nicht* mit einer *direkten* Glücksverheißung, sondern mit dem Angebot des psychologisch Notwendigen und Gesuchten:

- **sichere Orientierung** an der Lehre und/oder Person eines religiösen Führers, der von sich behauptet, im Besitz der einen und einzigen Wahrheit zu sein,
- **Freistellung vom Wahl- und Entscheidungszwang** durch Unterwerfung unter den Willen des religiösen Führers bzw. unter die Gesetze der Gruppe,
- **Geborgenheit in der Gemeinschaft** Gleichgesinnter,
- **Konzentration auf den einen Lebenssinn,** was die bedrohliche Komplexität des Lebens minimiert.

Mit dem Thema **Glück** hat das Ganze nur insofern und erst dann zu tun, wenn ein Jugendlicher, aber auch jeder andere Mensch, diese Situation nach dem Eintritt in eine derartige Gruppe als positiv, entlastend, Sicherheit stiftend und sinn-voll erlebt bzw. empfindet und **sich subjektiv als glücklich beschreibt.**

Objektiv von außen erkennbar ist demgegenüber der **zwangsläufige Verlust von Personalität, Freiheit** und zum Teil **Mitmenschlichkeit,** ohne die weder die philosophische noch die religiöse Tradition **echtes humanes Glück** denken können.

Hinzu kommt der begründete Verdacht, dass in einigen Fällen das Religiöse eine Tarnmaske ist, um (junge) Menschen in psychische Abhängigkeit zu bringen und dort zu halten sowie um sie auszubeuten.

Wenn man sich auf die im Vorwort angesprochene „verantwortliche Auseinandersetzung" mit „gegenwärtigen Glücksangeboten" einlässt, sind Überlegungen der folgenden Art **hilfreich:**

- Welchen Preis soll ich bezahlen, um das angepriesene Glück zu erlangen? Soll ich meine Familie, meine Freunde verlassen, alle bisherigen sozialen Kontakte abbrechen? Soll ich auch materiell alles drangeben, was ich besitze, und mich ganz der Gruppe ausliefern?
- Was für ein Glück ist das, für das ich meine eigene Denk- und Willensfreiheit aufgeben und mich ganz dem Wahrheits- und Entscheidungsanspruch eines einzelnen Gurus / Stifters / Sektenführers unterordnen soll?
- Was geschieht, wenn ich das erhoffte oder versprochene Glück nicht finde – kann ich dann problemlos wieder gehen oder werde ich unter Druck gesetzt, bedroht? Ist meine Persönlichkeit vielleicht sogar schon so durch Psycho-Techniken verändert, dass ich es ohne Hilfe gar nicht schaffe, aus diesen Bindungen wieder herauszukommen?

Zusammenfassung: Glücksverheißungen in Jugendreligionen

Der Begriff der Jugendreligion hat den der „Sekte" zum Teil abgelöst. In den Erfahrungsberichten früherer Mitglieder von „Jugendreligionen" wird ein **hoher Grad psychischer Manipulation** dokumentiert, der mit dem **Verlust von Personalität, Freiheit** und **Mitmenschlichkeit** einhergeht. Die „Glücksverheißungen" der Jugendreligionen stehen damit echtem humanem Glück diametral entgegen.

Die Glückspsychologie des 20. Jahrhunderts

Seit der Abspaltung verschiedener, ursprünglich zur Philosophie gehörender Disziplinen (Kant war noch Professor für Philosophie *und* Psychologie) ist die Beschäftigung mit dem Glück weitgehend aus dem Zentrum der philosophischen Diskussion verschwunden und zu einer Domäne der Psychologen geworden. Dies ist wohl zum einen darin begründet, dass allgemein der Argumentation Kants gefolgt wird, die in der innerweltlichen Glückssuche des Einzelnen eine unangemessene Auffassung von Ethik sah. Zum zweiten erhält der Glücksbegriff in der Neuzeit – im Gegensatz zur Antike – eine stärker private, subjektive und psychische Bedeutung.

1 Die Entwicklung der Glückspsychologie

Das Hauptinteresse der sich an der Wende zum 20. Jahrhundert etablierenden Psychologie galt der Erarbeitung einer tragfähigen Theorie (z. B. Sigmund Freud), auf deren Grundlage die Therapie psychisch kranker Menschen möglich werden sollte. Die Vertreter des Fachs beschäftigten sich also hauptsächlich mit der Erforschung und Heilung von Neurosen und Depressionen. Erst in den 50er-Jahren des 20. Jahrhunderts entwickelte sich eine nennenswerte Forschung auf dem Gebiet „Glück, Zufriedenheit, Lebensqualität und Sinn“, den so genannten **Positiverfahrungen.**

1.1 Die erfahrungswissenschaftlich orientierte Sozial- und Individualpsychologie

Die antiken Philosophen stellten in ihren verschiedenen Modellen eines „guten Lebens“ hauptsächlich Überlegungen darüber an, wie der Mensch leben und was er als wahres Glück betrachten oder als Wert verwirklichen sollte. Sie prüften also Lebensentwürfe und stellten dann Normen auf, nach denen ihr Konzept von einem „guten Leben“ verwirklicht werden konnte. Sie entwarfen **normative** ethische Modelle.

Im späten 19. Jahrhundert gliederten sich die Sozialwissenschaften und die Psychologie aus der Philosophie aus, weil unter der Vormundschaft der Philosophie die Erforschung des Faktischen zu kurz gekommen war. Die jungen Einzelwissenschaften wollten jetzt herausfinden, was einzelne Menschen oder Gruppen faktisch und subjektiv als Glück oder Sinn ihres Lebens (oder eines Lebensabschnitts) erfahren und erstreben, und nicht, was sie erstreben sollten. Diese neuen **„Humanwissenschaften“** arbeiten also weitgehend **deskriptiv.**

Die für uns wichtigsten Ergebnisse dieser Forschungen werden hier knapp zusammengefasst.

1.2 Emotionen: Grundlagen der Positiv- und Negativerfahrungen

Allen Erfahrungen, positiven und negativen, liegen Emotionen zugrunde. Dies sind bestimmte Muster, mit denen wir auf äußere Reize reagieren. Sie zeigen im **subjektiven Erleben** eine affektive Komponente, deren Intensität auf einer Skala (sehr, mittel, wenig) eingeschätzt werden kann; z. B. vom „Wohlbehagen“ nach einer guten Mahlzeit bis zum „Entzücken“ über die Begegnung mit einem anderen. Emotionen motivieren aber auch zu bestimmten Verhaltensweisen, wie etwa Neugier oder Streben nach Anerkennung. Dabei sind Emotionen keineswegs abgekoppelt vom Denken: Sie sind fast immer mit einer Wahrnehmung, einer Vorstellung oder einer Wertung verbunden, mit einem Prozess also, an dem auch die rationalen Leistungen des Menschen beteiligt sind.

Objektiv gesehen manifestieren sich Emotionen **physiologisch** in Mimik, Gestik und Motorik, etwa durch Singen, Weinen, durch Annäherungsverhalten (Umarmung) oder Vermeidungsverhalten (Flucht). Ihre Stärke lässt sich an der Herz- und Atemfrequenz, der Gehirntätigkeit oder dem Hautwiderstand messen.

1.3 Glück

In seinem Kern bedeutet Glück also ein **„Erfülltsein von Freude und Getragenwerden von einer gehobenen Stimmung“.**[9] Nimmt man die anderen Komponenten von Emotionen mit dazu, ist **Glück** ein Gefühl, das **mit einer bestimmten Wahrnehmung und Bewertung verbunden** ist, das subjektiv als **„Wärme“** (ausstrahlende Energie) empfunden wird und das sich in Lachen,

9 Bernhard Grom u. a.: Glück – Auf der Suche nach dem „guten Leben“, Frankfurt a. M., S. 19.

Tanzenwollen und Ekstase ausdrückt oder auch im stilleren Einssein mit sich selbst und in der Verbundenheit mit anderen. Dazu kommt das Streben, dieses Erlebnis zu wiederholen.

Es wird plastisch beschrieben mit den Aussagen: „Ich fühlte mich anderen nahe, ich konnte mich akzeptieren, ich war energiegeladen, ich sehnte mich nach körperlicher Vereinigung, das Leben erschien mir sinnvoll.“[10] Demgegenüber ist Unglück geprägt von Trauer, gedrückter Stimmung, dem Gefühl der Isolation, der Ohnmacht und der Enge.

1.4 Zufriedenheit

Zufriedenheit hängt mit älteren Ausdrücken zusammen wie „zu Frieden setzen“, d. h. „zur Ruhe bringen“ und bedeutet dementsprechend, dass man das erreicht hat, was man von sich selbst erwartet hat oder was die Umgebung von einem erwartet hat. Zufriedenheit ist ein **Zustand der Mittellage** und bezeichnet im Kern eine **stabile positive Grundströmung,** die auch dann vorherrscht, wenn man kein Glück erlebt oder viele Negativerfahrungen macht.

1.5 Sinnerfüllung

Ein sinnerfülltes Leben geht davon aus, dass sich im eigenen Leben etwas Lohnendes, Wertvolles, Erstrebenswertes und Halt Gebendes, kurz: etwas Zustimmungswürdiges finden lässt. Diese Sinnerfüllung kann je nach Situation, Sensibilität und Wertvorstellungen darin bestehen, für ein angenehmes Leben zu sorgen, für eine Familie da zu sein, beruflichen Erfolg zu haben, sich für eine soziale Aufgabe oder eine religiöse Überzeugung einzusetzen, seine Gesundheit wiederzuerlangen oder sich selbst zu verwirklichen. Sinn ist also ein **Wert,** für den man sich einsetzen, über den man sich freuen oder aufgrund dessen man Leid ertragen kann.

Zum **erfüllenden Lebenssinn** wird ein solcher Wert dann, wenn ihm jemand so intensiv zustimmt, dass seine Interessen, seine Erwartungen und sein Verhalten dadurch eine Gesamtrichtung erhalten. Dies setzt voraus, dass der Lebenssinn ein längerfristiger Antrieb ist, der mit der Bereitschaft verbunden ist, sich für etwas oder jemanden einzusetzen. Er setzt auch voraus, dass man an seine Fähigkeiten und an sich selbst glaubt und überdies eine Wertehierarchie aufgebaut hat, die eine innere Einheit der Person gewährleistet.

10 Ebd., S. 20.

Sinnerfüllung kann – wie das Glück – auch in unterschiedlichen Graden der Intensität erlebt werden: als Interesse, als Freude und auf der höchsten Stufe als Begeisterung.

Jemand, der vom Sinn seines Lebens überzeugt ist, zeigt die folgenden Verhaltensweisen: Unternehmungsgeist, Neugierverhalten, Optimismus, Hoffnung, Anstrengungsbereitschaft, Selbstvertrauen, Durchhaltevermögen und inneren Halt trotz Müdigkeit, Leid oder Schmerz. **Sinnleere** bzw. Sinnlosigkeitsgefühle werden vor allem als Langeweile, Gleichgültigkeit, Ziellosigkeit, innere Leere und Lebensunlust erlebt; nicht so sehr als Verzweiflung.

1.6 Der Zusammenhang von Glück, Zufriedenheit und Sinn

Wenn man Glück als einen **Gesamtzustand** sieht und nicht als ein punktuelles Erlebnis von Euphorie, dann schließt Glück die Zufriedenheit und Sinnerfüllung als Komponenten ein, ist also der inhaltlich umfassendere Begriff.

Im Hinblick auf den **Begriffsumfang** ist Sinn der weiteste Begriff, weil er auch viele und extreme Negativerfahrungen umfassen kann. Glück ist in dieser Hinsicht der engste Begriff. Sinn erwächst außerdem unmittelbar aus einer Tätigkeit, die Zustimmung findet; Glück dagegen ist ein subjektiver Zustand, für den man zwar einiges wenige tun kann, der aber von so vielen von uns nicht kontrollierbaren Faktoren abhängt, dass man es nicht direkt anstreben kann und darf.

2 Die wichtigsten Vertreter der Glückspsychologie

Die wichtigsten Vertreter der Glückspsychologie des 20. Jahrhunderts sind Sigmund Freud, Abraham Maslow, Viktor E. Frankl und Mihaly Csikszentmihaly [sprich: Tschiksentmihaji]. Diese Forscher entwerfen eine mehr oder weniger umfassende Theorie des Menschen und seiner Motivation. Ihre gemeinsame Fragestellung kann folgendermaßen umschrieben werden: **„Was will der Mensch eigentlich und wann ist er glücklich?“**

2.1 Das Freud’sche Homöostase-Modell

Sigmund Freud (1856–1939) ist der Begründer der Tiefenpsychologie und der Psychoanalyse. Die endgültige Fassung seiner von ihm mehrfach überarbeiteten Triebtheorie, auf die sich die folgenden Ausführungen beziehen, entstand in den 20er-Jahren des 20. Jahrhunderts.

Der Begriff Homöostase

Homöostase bezeichnet den **Zustand einer erregungslosen Ruhe,** der durch die Befriedigung von körperlichen Bedürfnissen entsteht (griech. *homeostasis:* Gleichgewichtszustand, wörtlich: Aufrechterhaltung). Beispielsweise schafft Nahrungsmangel einen Spannungszustand, der einen entsprechenden Trieb (Hunger) aktiviert. Wenn der Hunger gestillt ist, tritt der Zustand der Homöostase ein, bis der Mangel und das Bedürfnis neu entstehen. Dieses physiologische Modell wendet Freud auf die körperlichen und seelischen Vorgänge im Menschen an.

Sigmund Freud

Glück als explosionsartiger Abbau einer Bedürfnisspannung

Nach Sigmund Freuds Triebtheorie beruhen alle seelischen Regungen letztlich auf physiologischen Bedürfnisspannungen, vor allem auf „Hunger“ und „Liebe“. Als Triebe wirken sie auf das ES und das ICH. Zunehmende Triebspannung (Mangel) wird als Unlust erlebt, die Befriedigung des Bedürfnisses als Lust: „Das Herabsinken der Bedürfnisspannung wird von unserem Bewusstseinsorgan als lustvoll empfunden.“ (Ges. Werke Bd. XIV, S. 227) Das, was Freud als Glück bezeichnet, ist also jener Übergang von einer hoch aufgestauten Bedürfnisspannung zu dem Zustand der erregungslosen Ruhe (Homöostase). Zu denken ist etwa an den Mann, der nach einem langen Marsch das erste Glas Wasser trinkt, oder (bei Freud immer zentral) der Abbau der sexuellen Bedürfnisspannung. „Was man im strengsten Sinne Glück heißt, entspringt der eher plötzlichen Befriedigung hoch aufgestauter Bedürfnisse.“ (Ges. Werke Bd. XIV, S. 433 f.)

Glück zwischen Wunsch und Wirklichkeit

Nach Freud will der Mensch „glücklich werden und so bleiben“. Er strebt nach einem nie endenden Zustand der Lust gemäß Nietzsches Satz: „Alle Lust will Ewigkeit, tiefe, tiefe Ewigkeit“ (Also sprach Zarathustra, Dritter Teil). Diese Auffassung weist Freud als Hedonisten aus. Wie steht es aber mit der Umsetzung dieses Wunsches in das tägliche Leben? Hier erweist sich Freud als Pessimist.

Die Behinderung des Glücks durch den fortschreitenden Zivilisationsprozess

Das ES möchte nur dem Lustprinzip folgen und die entstehende Triebspannung *sofort* abbauen. Dem stehen aber die Außenwelt und das ÜBER-ICH als seelisches Prinzip entgegen. Sie verlangen, dass die Triebspannung in regulierten und gesellschaftlich akzeptierten Formen abfließt. Das bedeutet entweder die Unterdrückung, den Aufschub oder die Sublimierung (Umlenkung) der Triebbedürfnisse. In der **Sublimierung** wird beispielsweise das ursprünglich sexuelle Ziel von Künstlern und Wissenschaftlern auf ein verwandtes umgelenkt und so in einem künstlerischen oder wissenschaftlichen Werk kulturell fruchtbar gemacht.

> Fest steht aber, dass der Mensch dem Lustprinzip nicht folgen kann. Er muss sich den Bedingungen der Realität, dem Realitätsprinzip, unterwerfen, um zu überleben und um seine Libido (Luststreben) wenigstens partiell befriedigen zu können. Die Wirklichkeit verhindert, dass der Mensch als ein vom ES gesteuerter egoistischer Hedonist leben kann. Aus dieser Verhinderung erst entstehen die menschliche Kultur und Zivilisation. Diese sind deshalb ihrem Wesen nach glücksfeindlich. [...] Man möchte sagen, die Absicht, dass der Mensch „glücklich“ sei, ist im Plan der „Schöpfung“ nicht enthalten.
>
> *Sigmund Freud: Ges. Werke Bd. XIV, S. 433 f.*

Durch einen klugen Umgang mit seinen Bedürfnissen kann der Mensch höchstens Leid und Schmerz vermeiden und eine gewisse Zufriedenheit mit seinem Leben finden.

Die Unmöglichkeit, glücklich zu werden

Die Gründe, weshalb der Wunsch des Menschen, glücklich zu werden und glücklich zu bleiben, nicht zu realisieren ist, lassen sich folgendermaßen zusammenfassen:

- **Glück kann nur im Kontrast erlebt werden,** d. h. intensive Lust kann nur dann empfunden werden, wenn intensive Unlust (Aufbau einer starken Bedürfnisspannung) vorausgeht.
- Es gibt **kein Lusterlebnis ohne Unlustgefühle;** das Glückserlebnis ist nur sehr kurz.
- Der Mensch muss sich dem **Realitätsprinzip** unterwerfen.
- Je weiter die **Kultur** und **Zivilisation** fortschreiten, desto seltener gelingt jenes archaische spontane Lusterleben.

Bewertung

Freuds Modell ist der erste Ansatz zu einer Theorie des Menschen und seiner Motivation im Bereich der Positiverfahrungen. Es geht von einem sehr eingeschränkten Bild des Menschen, seiner Motivation und seines Glückserlebens aus. Deshalb kann es nicht als ein allgemein gültiges Erklärungsmodell angesehen werden. Es kann aber erklären, dass massive und dauerhafte Entbehrungen wie Hunger, Durst und Schlaflosigkeit das Glück und die Lebenszufriedenheit beeinträchtigen. Es kann aber beispielsweise nicht erklären, warum der Mensch Reizlosigkeit als bedrückende Langeweile und fehlenden Lebenssinn als lähmend empfindet. Es kann auch nicht verständlich machen, warum etwa Künstler, die in ihrer Zeit nicht anerkannt waren, bedingungslos an ihrer Kunst festgehalten haben, obwohl dies mit außerordentlicher Mühe und mit sehr weit reichendem Verzicht auf Bedürfnisbefriedigung verbunden war (etwa Vincent van Gogh).

Zusammenfassung: Das Freud'sche Homöostase-Modell

Sigmund Freuds „pessimistischer Hedonismus" besagt, dass Glück, d. h. das „Erleben starker Lustgefühle", der **plötzlichen Befriedigung eines hoch aufgestauten Bedürfnisses** entspringt. Der Mensch erstrebt von seiner ursprünglichen Naturausstattung her eine ununterbrochene Reihe solcher Lusterlebnisse.
Dem stehen jedoch seine körperliche Konstitution und die Notwendigkeit, sich dem Realitätsprinzip zu unterwerfen, entgegen. Aus dem (vorübergehenden oder vollständigen) Triebverzicht entstehen Kultur und Zivilisation. Daher macht es die immer weiter um sich greifende Zivilisierung zunehmend unwahrscheinlich, wenn nicht gar unmöglich, dass der Mensch Lust (d. h. Glück) spontan und intensiv erleben kann. Er kann höchstens eine gewisse **Lebenszufriedenheit** erreichen.

2.2 Abraham H. Maslows Theorie der Mangel- und Wachstumsmotive

Der amerikanische Psychologe und Philosoph Abraham H. Maslow (1908–1970) gehört zu der Gruppe von Psychologen, die an der Weiterentwicklung von Freuds Lehre arbeitete. Seine Arbeiten zur Bedürfnisstruktur des Menschen und zur Motivationspsychologie entstanden in den 50er- und 60er-Jahren des 20. Jahrhunderts.

Abraham H. Maslow

Die Bedürfnisebenen

Abraham Maslow vertritt die Theorie, dass sich der Mensch nach der Befriedigung seiner Grundbedürfnisse auf der für ihn **optimalen Spannungsstufe** verwirklichen will. Diese Vorstellung ergänzt und korrigiert das Homöostase-Modell Freuds und geht auf die Erfahrungen zurück, dass Kinder neue Fertigkeiten lernen, dass Kranke über die Bewältigung von Angst, Leid und Schmerz hinaus wieder aktiv werden und dass Gesunde künstlerische, wissenschaftliche oder politische Interessen auch gegen große Widerstände verwirklichen wollen. Dies erklärt Maslow durch die Annahme **mehrerer Bedürfnisebenen,** die von unten nach oben hierarchisch geordnet sind und zwei unterschiedliche Motivgruppen bilden, die **Mangelmotive** und die **Wachstumsmotive.**

> Die verschiedenen Grundbedürfnisse sind in einer hierarchischen Ordnung aufeinander bezogen, sodass die Befriedigung eines Bedürfnisses und dessen konsequente Entfernung aus dem Zentrum der Aufmerksamkeit nicht einen Zustand der Ruhe oder der stoischen Apathie mit sich bringt, sondern eher das Auftauchen eines anderen „höheren“ Bedürfnisses im Bewusstsein; Wollen und Verlangen dauern an, aber auf einem „höheren“ Niveau.
>
> *Abraham H. Maslow: Psychologie des Seins, S. 45.*

Mangelmotive und Wachstumsmotive

Die Bedürfnisebenen 1–4 beschreiben **Mangel- oder Defizitmotive** in abnehmender Dringlichkeit, d. h. die körperlichen Grundbedürfnisse der Stufe 1 sind die dringendsten. Wenn diese Mangelmotive über einen längeren Zeitraum hinweg nicht ausreichend befriedigt werden, sind physische oder psychische Krankheiten die Folge.

Bewertung

Die **Vorzüge dieses Modells** liegen darin, dass man höhere Befriedigungen nicht als Sublimationen erklären muss. Es macht den Unterschied zwischen der Befriedigung von niedrigeren („Erleichterung“) und höheren Bedürfnissen („tieferes Glück“) plausibel und erklärt den Zusammenhang zwischen Positiverfahrung und Selbstentwicklung.

Die **Schwächen dieser Theorie** liegen darin, dass sie nicht erklärt, wieso manche Menschen nach der Befriedigung ihrer Mangelmotive in ihrer Entwicklung stehen bleiben und keine Wachstumsbedürfnisse zeigen. Sie wird auch der Erfahrung nicht gerecht, dass man sich gerade durch Mangel und Not weiterentwickeln kann. Maslow zieht auch die Rolle von Enttäuschungen nicht in Betracht. Insgesamt fehlt eine Berücksichtigung der Negativerfahrungen.

Zusammenfassung:
Abraham H. Maslows Theorie der Mangel- und Wachstumsmotive

Abraham H. Maslows Theorie der Mangel- und Wachstumsmotive besagt, dass die Menschen danach streben, die **Mangelmotive** (körperliche Grundbedürfnisse, Sicherheits- und Schutzbedürfnisse, Soziale Bedürfnisse und Ich-Bedürfnisse) zu befriedigen und sich dann auf der ihnen angemessenen **Spannungsstufe** zu verwirklichen. Dabei kann das eigentliche Glück nur bei der Befriedigung der „höheren“ Bedürfnisse erfahren werden. Die Befriedigung der körperlichen Grundbedürfnisse und der Sicherheitsbedürfnisse bringt nur Entspannung und Entlastung.

2.3 Mihaly Csikszentmihalys Flow-Konzept

Der ungarisch-amerikanische Psychologe Mihaly Csikszentmihaly befasst sich seit den 70er-Jahren des 20. Jahrhunderts mit dem Bereich der optimalen Erfahrung, einem Zustand im kreativen Prozess, in dem der Geistesblitz kommt, in dem bei höchster Konzentration und optimaler Spannungsstufe (zwischen Überforderung und Unterforderung) alles wie von selbst gelingt. Es ist ein schöpferischer Ausnahmezustand, in dem man so in seiner Tätigkeit aufgeht, dass man alles um sich herum vergisst: **Alle Fähigkeiten, geistigen und körperlichen Kräfte sind im Fluss,** nichts hindert mich, hemmt mich, bremst mich. Denken, Fühlen und Wollen sind im Einklang. Csikszentmihaly hat Musiker, Schriftsteller, Chirurgen, aber auch Bergsteiger, Schach- und Basketballspieler und Rocktänzer befragt. Sie alle beschrieben diesen optimalen Zustand als „Fließen". Ein Kletterer: „Man taucht sozusagen in das ein, was um einen vorgeht, in die Felsen, in die notwendigen Bewegungen, man ist derartig absorbiert davon, dass man das Bewusstsein der eigenen Identität verlieren und mit dem Fels verschmelzen könnte."

Mihaly Csikszentmihaly

Flow („Fließen") kann in Freizeit und Spiel, aber auch in der beruflichen Tätigkeit erfahren werden. Es ist kein Privileg der kreativen Menschen, obwohl Kreativität notwendig ist. Fließbandarbeiter, Hausfrauen, Schulkinder, alle können Flow-Erfahrungen machen. Die Voraussetzungen dafür sind einmal die **Verfolgung eines selbst gesteckten Zieles,** das zweitens **den Kräften und Fähigkeiten des Betreffenden optimal angepasst** ist und doch in bestimmter Hinsicht etwas Neues bietet. Weiterhin muss der Mensch vollkommen **auf seine Tätigkeit konzentriert** sein und schließlich durch **ständige Beobachtung** unmittelbar erfahren können, dass er auf dem richtigen Weg ist.

Zusammenfassung: Mihaly Csikszentmihalys Flow-Konzept

Mihaly Csikszentmihalys Begriff des **„Flow"** konkretisiert den Begriff der Selbstverwirklichung bei Maslow: Glück als „Flow" ist eine Tätigkeit, die der Mensch auf einer für ihn optimalen Spannungsstufe perfekt verwirklichen kann.

2.4 Viktor E. Frankls Existenzanalyse und Logotherapie

Viktor E. Frankl (1905–1997) gehörte erst zu den Schülern Freuds, schloss sich dann Alfred Adler (1870–1937) an und entwickelte schließlich seine Grundidee von der Notwendigkeit der Sinnfindung im menschlichen Leben. Ausgehend davon entwarf er, auch in der Auseinandersetzung mit Maslow, die „Logotherapie“, die Therapie gefährdeter Menschen durch die Hilfe bei der Sinnfindung (griech. *logos:* Sinn). Anlass dafür waren die Sinnlosigkeitsgefühle, die viele seiner Patienten äußerten. Einen solchen **Mangel an Lebenssinn** nennt Frankl ein **„existenzielles Vakuum“.** Es begegnet ihm gerade in Amerikas Wohlstandsgesellschaft *(affluent society).*

Viktor E. Frankl

[Es kommt] zu einem existenziellen Vakuum. Und dies mitten in einer „affluent society“, die kein einziges unter den von Maslow so benannten Grundbedürfnissen unbefriedigt gelassen hätte. Das rührt daher, dass sie eben nur Bedürfnisse befriedigt, aber nicht den Willen zum Sinn erfüllt. „Ich bin 22 Jahre alt“, schrieb mir einmal ein amerikanischer Student. „Ich besitze einen akademischen Grad, besitze einen luxuriösen Wagen, bin überhaupt finanziell unabhängig und es steht mir mehr Sex und mehr Prestige zur Verfügung, als ich verkraften kann. Was ich mich frage, ist nur, was das alles für einen Sinn haben soll.“

Viktor E. Frankl: Paradoxien des Glücks, in: Was ist Glück? Ein Symposion, S. 122.

Frankls Auffassung vom Menschen und das Homöostase-Modell

Frankl und seine bedeutendste Schülerin Elisabeth Lukas unterscheiden einen rein physischen, einen psychischen und einen geistigen Bereich. Sie halten Freuds Auffassung für falsch, dass der Mensch durch determinierende ES-Ansprüche zu seinen Handlungen getrieben werde.

Im Gegensatz dazu sehen Frankl und Lukas das spezifisch Menschliche im **„Angezogenwerden vom Sollen des Verantwortlichseins“** (Bernhard Grom). Der Mensch will seine Freiheit nutzen, um Sinn zu erleben, d. h. er will (universale) Werte suchen, von deren objektiver Geltung er überzeugt ist und die er entsprechend seiner Person und Situation als Sinn verwirklichen kann. Wo dieser „Wille zum Sinn“ unerfüllt bleibt, entsteht ein „existenzielles Vakuum“, das als Leere, Ziellosigkeit, Gleichgültigkeit, Langeweile, Ekel und Sinnlosigkeit empfunden wird. Das Erlebnis des „existenziellen Vakuums“

macht für krankhafte Störungen anfällig: Depressionen, Selbstmordgedanken, Suchtverhalten (Alkohol, Drogen), wahllose Sexualität, Kriminalität. Nach Frankl leiden etwa 20 % der Bevölkerung an einem Sinnvakuum.

Das Erleben von Sinn ist also zentral für das Glück und die Lebenszufriedenheit des Menschen:

> Das ist unsere Behauptung, dass es zur Gesundheit, zum Wohlbefinden, zur inneren Zufriedenheit eines Menschen unauflösbar dazugehört, dass er sein Tun und Wirken als sinnvoll aufzufassen vermag, dass er ein Ziel vor Augen hat, das er anstreben kann, oder ein Wertideal, das er verwirklichen kann, eben dass er in seiner Existenz überhaupt einen Sinn sieht und nicht bloß so gedankenlos vor sich hinlebt bis zum Tod.
>
> *Elisabeth Lukas: Auch dein Leben hat Sinn, S. 58.*

Sinn ist dabei „das konkrete Ausgerichtetsein auf einen bejahten Wert".

Was das Homöostase-Modell betrifft, so wehrt sich Frankl entschieden gegen den Anspruch, mit diesem Modell könne man alle Vorgänge im Menschen erklären. Es sind nur die Vorgänge im physischen und psychischen Bereich, die von jenem Streben nach spannungsloser Ruhe bestimmt sind. Im Geistigen sucht der Mensch eine gesunde Spannung. Er erreicht sie, indem er die von ihm gefundenen Werte verwirklicht.

Wie kann der (gesunde) Mensch Sinn erfahren? Das Erfüllende der Sinnorientierung liegt darin, dass sie eine positive Hinwendung – mit Frankls Worten eine **„Selbsttranszendenz"** – auf einen Wert oder eine Person ermöglicht. Frankl nennt drei Wertkategorien:

1. Schöpferische Werte

Schöpferische Werte befriedigen das Wirkenwollen des Menschen und werden vor allem durch eigene Aktivität verwirklicht: künstlerische oder wissenschaftliche Leistungen, Wirksamkeit im politischen, sozialen, beruflichen oder sportlichen Bereich. Die Sinnerfahrung ist nicht daran gebunden, dass man solche Tätigkeiten auf hohem Niveau vollzieht. Auch der künstlerische Dilettant oder der sportliche Amateur kann über sich hinausgehen („Selbsttranszendenz") und Sinn aus solchen Aktivitäten beziehen.

2. Erlebniswerte

Erlebniswerte beruhen auf dem Genießen- und Liebenwollen des Menschen. Man erfährt sie, indem man vor allem rezeptiv das Schöne in der Natur, in der Kunst, an einem guten Wein wahrnimmt oder das Erfüllende einer Freundschaft, einer Liebesbeziehung, eines harmonischen Familienlebens oder einer religiösen Meditation oder Feier erfährt. Selbsttranszendenz kann also auch Hingabe an Freude und Genuss bedeuten, nicht nur an Pflicht und Verantwortung.

3. Einstellungswerte

Einstellungswerte entsprechen dem Durchhaltenwollen des Menschen. Er verwirklicht sie dann, wenn er eine mühselige, aber notwendige Arbeit auf sich nimmt oder unabänderliche Situationen, wie eine Krankheit, Behinderung oder den Verlust eines geliebten Menschen, tapfer und würdig erträgt.

Die Logotherapie

Eine Therapie muss also versuchen, den Menschen dazu zu befähigen, dass er (wieder) über sich selbst hinausgehen und dadurch Sinn erleben kann. Sie heißt deswegen Logotherapie (griech. *logos:* Sinn). Die Logotherapie wendet folgende Methoden an:

- **Förderung der Selbsttranszendenz:** Ein tägliches Training sieht die Begegnung mit Menschen vor oder sinnvolle konstruktive Handlungen und die Ermutigung zu Welterfahrungen, in denen man das Kreisen um das eigene kleine Selbst überwinden kann.
- **Einstellungsänderung:** Indem man lernt, auch die objektiv positiven Seiten von Erlebnissen wahrzunehmen (positives Denken), kann man das Versinken z. B. in die eigene Traurigkeit überwinden.
- **Dereflexion:** Auch hier geht es darum, die unerwünschte Konzentration auf das Selbst durch Selbstbespiegelung und Nabelschau (Frankl nennt dies „Hyperreflexion") außer Kraft zu setzen.
- **Paradoxe Intention:** Kranke Menschen, die bereits eine Neurose entwickelt haben, etwa einen nervösen Tick (z. B. ein nervöses Augenlidzucken) oder eine Phobie (z. B. Platzangst) versucht man dazu anzuleiten, sich paradoxerweise gerade das zu wünschen, wovor sie sich fürchten.
  Beispiel: „An der Universität nehme ich nämlich an einem Seminar über Martin Buber teil und während der ersten Zusammenkunft nahm ich mir kein Blatt vor den Mund, als ich glaubte, genau das Gegenteil von dem sagen zu müssen, was die anderen gesagt hatten. Da begann ich auf einmal, mächtig zu schwitzen. Und sobald ich das bemerkt hatte, bekam ich es mit der Angst zu tun, die anderen könnten es merken, woraufhin ich erst recht zu schwitzen begann. Jetzt beschloss ich, die Logotherapie einmal auszuprobie-

ren und sagte mir: Tu doch auch du einmal deinen Kollegen den Gefallen, ihnen etwas vorzuschwitzen. Aber so richtig, das ist noch gar nichts, noch viel mehr sollst du schwitzen. Und es vergingen nicht mehr als ein paar Sekunden, und ich konnte beobachten, wie meine Haut trocken wurde. Innerlich musste ich lachen. Zum Teufel noch einmal, sagte ich mir, da muss was dran sein, an dieser paradoxen Intention [...]“ (Spencer M., San Diego)

Die Paradoxie des Glücks

Sinnerfüllung und Glück sowie Lust können, weil sie auf Selbsttranszendenz beruhen, nicht direkt als Ziel angestrebt werden. Eine solche Direktheit würde zu Egozentrik und Hyperreflexion führen und damit den Weg zu Sinn und Glück, die Hingabe, das Sich-Ergreifen-Lassen, verhindern. Also gilt, dass Sinnerfüllung und Glück nur **indirekt,** nämlich als Nebenwirkung eines Tätigseins, Erlebens oder Erduldens zu erreichen sind.

Nun, ich persönlich glaube gar nicht daran, dass der Mensch wirklich im Grunde darauf aus ist, glücklich zu sein; vielmehr will mir scheinen, was der Mensch wirklich will, ist einen Grund zum Glücklichsein zu haben. Hat er nämlich einen solchen Grund, dann stellt sich das Glück von selbst ein.

Viktor E. Frankl: Paradoxien des Glücks, in: Was ist Glück? Ein Symposion, S. 108.

Dies ist im Übrigen ein sehr plausibler Einwand gegen den Hedonismus. Es gilt auch, dass ein selbst gemachter Sinn, eine Selbsttröstung ohne Überzeugung oder die durch Drogen chemisch erzeugte Euphorie eine Illusion sind, die dem Zweifel nicht standhält und keine Selbsttranszendenz gewährleistet.

Bewertung

Das **Verdienst** von Frankls Theorie liegt darin, dass sie erklärt, wie Menschen auch angesichts von Leid, Schmerz und Tod sinnerfüllt leben können; dieser Gesichtspunkt wird von den meisten psychologischen Theorien ausgeklammert. Sie ergänzt die Maslow'sche Anreiztheorie durch den Bereich „Sinn“.

Frankl vertritt allerdings die Auffassung, dass bei bestimmten psychischen Konflikten das Durcharbeiten der eigenen Lebensgeschichte (Sigmund Freud, Alfred Adler) nicht schädliche Hyperreflexion ist, sondern notwendige Voraussetzung für eine Neuorientierung. Zudem ist die Theorie allzu sinnzentriert; den Wirkungen von Trauer, Erschöpfung, Enttäuschung und Depression setzt Frankl den Willen zum Sinn und die Selbsttranszendenz entgegen.

Zusammenfassung: Viktor E. Frankls Existenzanalyse und Logotherapie

Viktor E. Frankl (und Elisabeth Lukas) sehen Glück und Unglück des menschlichen Lebens vor allem davon bestimmt, ob Menschen ihr Leben als sinnvoll empfinden, also einen **Wert** verwirklichen, für den es sich zu leben lohnt.

Wie Maslow und Csikszentmihaly glaubt Frankl, dass Menschen auf einem ihnen angemessenen Spannungsniveau etwas Wesentliches leisten wollen. Freuds Homöostasemodell kommt für diesen Bereich der Selbstverwirklichung und Sinnfindung nicht infrage. Lebenssinn (und damit Glück) ist aber nicht durch einen Willensakt herbeizitierbar. Er ist die Konsequenz eines teilweisen Von-sich-Absehens und der Anteilnahme an anderen Menschen, Tätigkeiten und Interessensgebieten, von Frankl **„Selbsttranszendenz“** genannt.

Mit der **Logotherapie** versuchen Frankl und seine Schüler mit konkreten Methoden, das subjektive Leiden an der Sinnleere des Daseins zu behandeln.

Literaturhinweise

Mihaly Csikszentmihaly: Flow. Das Geheimnis des Glücks, Verlag Klett-Cotta: Stuttgart [9]2001.

Mihaly Csikszentmihaly: Lebe gut! Wie Sie das Beste aus Ihrem Leben machen, Verlag Klett-Cotta: Stuttgart/Deutscher Taschenbuch Verlag: München 2001.

Maximilian Forschner: Über das Glück des Menschen: Aristoteles, Epikur, Stoa, Thomas von Aquin, Kant; Primus Verlag: Darmstadt [2]1996.

Bernhard Grom u. a.: Glück – Auf der Suche nach dem „guten Leben“, Ullstein Verlag: Frankfurt a. M. 1987.

Christoph Horn: Antike Lebenskunst. Glück und Moral von Sokrates bis zu den Neuplatonikern, Verlag C. H. Beck: München 1998.

Malte Hossenfelder: Epikur, Verlag C. H. Beck: München [2]1998.

Robert Spaemann: Artikel „Glück“, in: Historisches Wörterbuch der Philosophie, hrsg. von Joachim Ritter u. a., Bd. 3, Schwabe & Co. AG Verlag: Basel 1974.

Robert Spaemann: Glück und Wohlwollen. Versuch über Ethik, Verlag Klett-Cotta: Stuttgart [4]1998.

Volker Spierling: Kleine Geschichte der Philosophie. 50 Porträts von der Antike bis zur Gegenwart, Piper Verlag: München/Zürich [7]2000.

Personenverzeichnis

Stichwortverzeichnis

Seiten, auf denen sich Worterklärungen finden, sind fett gedruckt.

Bildnachweis

Umschlagbild: Oberrheinischer Meister um 1410, Maria im Rosenhag mit Heiligen (Paradiesgärtlein), Städelsches Kunstinstitut, Frankfurt; © Bildarchiv Foto Marburg

S. 8	Gioacchino Assereto (1600–1649): Hiob, aus: Lexikon der Kunstmotive, hrsg. von Gert Richter / Gerhard Ulrich, Mosaik Verlag.
S. 10	aus: Jean Starobinski: Gute Gaben, schlimme Gaben. Die Ambivalenz sozialer Gesten, frz. Originalausgabe: Titel Largesse, erschienen 1994 bei © Editions de la Réunion des musées nationaux, Paris (© Jean Starobinski, 1994). Für die deutsche Ausgabe © S. Fischer Verlag GmbH, Frankfurt a. M., S. 33, Abb. 11
S. 14	© University of London/The Warburg Institute
S. 16	© Kunsthistorisches Museum, Wien
S. 20	© Museum für Abgüsse Klassischer Bildwerke, München
S. 22	aus: Glyptothek München: Sokrates in der griechischen Bildniskunst, Sonderausstellung der Glyptothek und des Museums für Abgüsse Klassischer Bildwerke. © Staatliche Antikensammlung und Glyptothek, Meiserstr. 10, München, S. 74, Nr. 11.8
S. 28, 61	© Deutsches Literaturarchiv / Schiller Nationalmuseum
S. 31, 49, 55, 59, 68 f., 121	© bpk, Berlin 2002
S. 34	aus: Von Platon bis Nietzsche, Digitale Bibliothek, © DIRECTMEDIA Publishing GmbH, Berlin 1998
S. 35	aus: Monika Sänger: Praktische Philosophie – Ethik, Klett Verlag: Stuttgart, [6]2000, S. 117
S. 39, 43, 50, 56	aus: Utopia. The Search for the Ideal Society in the Western World, edited by Roland Schaer, Gregory Claeys and Lyman Tower Sargent, The New York Public Library / Oxford University Press: New York / Oxford 2000, S. 105, 108, 129, 139
S. 62	aus: Friedrich Heer: Die großen Dokumente der Weltgeschichte, Wolfgang Krüger-Verlag: Frankfurt / M. 1978, S. 124
S. 66	aus: http: //www.sci-fi.ch / Books / JewgenijSamjatin / wir.jpg
S. 72	aus: Silvia Markun: Ernst Bloch, Rowohlt Taschenbuch Verlag: Reinbek, S. 122, © 1977 by Rowohlt Taschenbuch Verlag GmbH; © Karola Bloch, Tübingen
S. 75	© Ingrid von Kruse, Hamburg
S. 88	© Österreichische Nationalbibliothek (Fotoarchiv)
S. 90	© Bildarchiv Foto Marburg
S. 93	Das Himmlische Jerusalem, so genannte Trierer Apokalypse, 9. Jahrhundert; © Stadtarchiv Trier
S. 96	aus: Giovanna Scirè Nepi: Treasures of Venetian Painting. The Gallerie dell'Accademia, Thames and Hudson: London; © 1991 Arsenale Editrice, San Marco 4708
S. 99	© Wallraf-Richartz-Museum, Köln, Rheinisches Bildarchiv Köln
S. 102	Palazzo Ducale, Venedig; © Fotoflash di Zennaro Elisabetta, Venezia
S. 110	© Christine Rieger
S. 128	aus: Mihaly Csikszentmihalyi: Flow. Das Geheimnis des Glücks (Umschlaginnenseite), Verlag Klett-Cotta
S. 129	© Katja Vesely

Textnachweis

S. 32	aus: Jeremy Bentham: Einführung in die Prinzipien der Moral und Gesetzgebung, zitiert nach Otfried Höffe: Einführung in die utilitaristische Ethik, Francke Verlag: Tübingen ^{2}1992, S. 55 (gekürzt)
S. 35	aus: John S. Mill: Utilitarianism, zitiert nach Otfried Höffe, Einführung in die utilitaristische Ethik, Francke Verlag: Tübingen ^{2}1992, S. 89
S. 42	aus: Thomas Morus: Utopia, Insel Verlag: Frankfurt a. M. 1992, S. 153
S. 66 f.	aus: Jewgenij Samjatin: Wir, Verlag Kiepenheuer & Witsch: Köln/Berlin 1968, S. 210–212
S. 68	Aldous Huxley: Schöne neue Welt; © Mrs. Laura Huxley 1932. Copyright 1953 by Aldous Huxley und Herberth E. Herlitschka. Fischer Taschenbuch Verlag GmbH, Frankfurt a. M., 1953
S. 70	George Orwell: 1984, übersetzt von Michael Walter, hrsg. und mit einem Nachwort versehen von Herbert W. Franke, Ullstein Verlag: Berlin ^{18}1999, S. 35 f.; © Ullstein Verlag, Berlin
S. 72 ff.	Karl-Otto Apel u. a. (Hg.): Reader zum Funk-Kolleg. Praktische Philosophie/Ethik 1; © Fischer Taschenbuch Verlag GmbH, Frankfurt a. M. 1980.
S. 74–80	aus: Karl R. Popper: Die offene Gesellschaft und ihre Feinde, Bd. 1, Francke Verlag: München ^{7}1992, S. 213–227
S. 124	aus: Abraham H. Maslow: Psychologie des Seins, Kindler Verlag: München 1973, S. 45
S. 126 f.	aus: Abraham H. Maslow: Motivation und Persönlichkeit, Walter Verlag: Olten 1977, S. 98 f., S. 155 f.
S. 129	aus: Viktor E. Frankl: Paradoxien des Glücks, in: Was ist Glück? Ein Symposion, dtv: München 1976, S. 122
S. 130	aus: Elisabeth Lukas: Auch dein Leben hat Sinn, Herder Verlag: Freiburg i. Br. 1980, S. 58
S. 132	aus: Viktor E. Frankl: Paradoxien des Glücks, in: Was ist Glück? Ein Symposion, dtv: München 1976, S. 108

Wir danken allen Rechtinhabern für die Abdruckerlaubnis.
Der Verlag war bemüht, die Urheber der abgedruckten Bilder und Texte ausfindig zu machen.
Wo dies nicht gelungen ist, bitten wir diese, sich ggf. an den Verlag zu wenden.

Ihre Meinung ist uns wichtig!

Ihre Anregungen sind uns immer willkommen. Bitte informieren Sie uns mit diesem Schein über Ihre Verbesserungsvorschläge!

Titel-Nr.	Seite	Vorschlag

Bitte hier abtrennen

Die echten Hilfen zum Lernen ... **STARK**

Zutreffendes bitte ankreuzen!

Die Absenderin/der Absender ist:

- ☐ Lehrer/in in den Klassenstufen: ____________
- ☐ Fachbetreuer/in
  Fächer: ____________
- ☐ Seminarlehrer/in
  Fächer: ____________
- ☐ Regierungsfachberater/in
  Fächer: ____________
- ☐ Oberstufenbetreuer/in
- ☐ Schulleiter/in
- ☐ Referendar/in, Termin 2. Staatsexamen: ____________
- ☐ Leiter/in Lehrerbibliothek
- ☐ Leiter/in Schülerbibliothek
- ☐ Sekretariat
- ☐ Eltern
- ☐ Schüler/in, Klasse: ____________
- ☐ Sonstiges: ____________

Unterrichtsfächer: (Bei Lehrkräften!)

____

STARK Verlag
Postfach 1852
85318 Freising

15-V1T

Bitte ausfüllen und im frankierten Umschlag an uns einsenden. Für Fensterkuverts geeignet.

Kennen Sie Ihre Kundennummer? Bitte hier eintragen.

Absender (Bitte in Druckbuchstaben!)

Name/Vorname

Straße/Nr.

PLZ/Ort

Telefon privat

Geburtsjahr

E-Mail-Adresse

Schule/Schulstempel (Bitte immer angeben!)

Bitte hier abtrennen

(Bitte blättern Sie um)